Otros libros de James Campbell y Rob Jones...

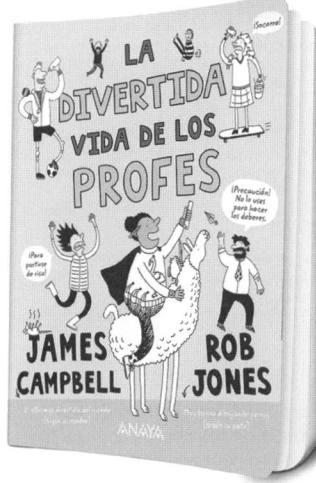

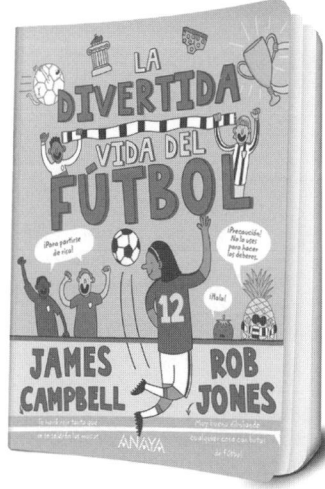

Para Ivy, que es la más pequeña de mi familia
y verá ese futuro que estamos preparando.
James Campbell

Para Kat Hampton, con mi sentido recuerdo.
Rob Jones

Título original: *Don't Panic! We Can Save The Planet!*

1.ª edición: mayo de 2024

© Del texto: James Campbell, 2024
© De las ilustraciones: Rob Jones, 2024
Publicado por primera vez en Reino Unido por Bloomsbury Publishing Plc, 2024
© De la traducción: Adolfo Muñoz García, 2024
© Grupo Anaya, S. A., 2024
Valentín Beato, 21. 28037 Madrid
www.anayainfantilyjuvenil.com

PAPEL DE FIBRA
CERTIFICADA

ISBN: 978-84-143-3523-9
Depósito legal: M-5043-2024
Impreso en España – *Printed in Spain*

JAMES CAMPBELL

¡TRANQUI!

PODEMOS SALVAR EL PLANETA

Traducción de Adolfo Muñoz

ANAYA

ILUSTRADO POR
ROB JONES

Lee esto antes de atreverte a seguir...

BROMA ⚠ ADVERTENCIA ⚠ ADVERTENCIA ⚠ BROMA
BROMA ALERTA ⚠   ⚠ BROMA ALERTA ⚠

Lo que aprendas en este libro podría no ser muy exacto,
así que no deberías usarlo como parte de un trabajo
de clase ni para hacer deberes. A menos, claro
está, que tengas tanto valor como un escarabajo
y tu alma sueñe imaginando el mañana.
En cuyo caso, ¡¡¡ADELANTE!!!

BROMA ⚠ ADVERTENCIA ⚠ ADVERTENCIA ⚠ BROMA

¡Ninguna caca es
demasiado grande
para mí!

4

¿QUÉ CLASE DE LIBRO ES ESTE?

Este **no** es un libro normal. Ni mucho menos. Seguramente si discutes con un juez será mejor que no uses este libro. Algunos de los hechos que se cuentan podrían estar mal. Otros son un absurdo total. Porque este es un libro de **risa.** Si quieres un libro sensato, de tipo escolar, sobre cómo **salvar el planeta,** te puedo recomendar los siguientes:

o *La aburrida vida de la salvación del planeta,* de Paco Bostezombo.

o *Tricotando tu propio yogur y otros ensayos,* de Yolanda Agujapunto.

o *Cómo me hice mi casa pegando mis recortes de uñas con las caquitas de mi perro, que tiene una conjuntivitis asquerosa de verdad,* del arzobispo de Muermingham.

Este libro es para cuatro tipos de personas:

1. Personas que están interesadas en salvar el planeta. Te preocupa la crisis climática, el exceso de plásticos, el pescado contaminado y también que se extingan los osos polares. Haces todo lo que puedes por reducir, reutilizar y reciclar, y puede que hayas pensado hasta en ponerte en huelga por el planeta. ¡Te encanta de verdad, pero de verdad de la buena, salvar el planeta! **¡Bieeeen!**

2. Personas que no tienen **ni idea** de qué es todo eso de salvar el planeta. Puede que hayas visto algo en la tele o en otro sitio. Pero no tienes **ni repajolera idea** de lo que significa. Este libro te ayudará a explicarte qué pasa con todo, incluido el yogur natural.

¡ME ENCANTA, DE VERDAD DE LA BUENA SALVAR EL PLANETA!

¡NO TENGO NI IDEA DE QUÉ ES LO QUE PASA!

3. Personas que no creen que el planeta necesite salvación. Crees que la crisis climática es un montón de tontadas inventadas por profesores chiflados. Quieres tener un coche enorme, una casa descomunal, un avión privado **y un montón de dinero.** Este libro te puede ayudar a convertirte en un ser humano mejor.
O volverte peor aún.

He sido un poco bobo.

4. **P**ersonas que no tienen el más mínimo interés en salvar el planeta. Preferirías pasarte la vida coleccionando las costras de las rodillas y dibujando caras en ellas. **Pero** te gusta reírte y descuajeringarte hasta que te salgan mocos por la nariz y formen **una burbuja viscosilla** que se infle y desinfle al respirar y luego se haga tan grande que tus amigos y familiares echen a correr como si hubiera aparecido un extraterrestre en la cocina, y entonces **explote** cubriéndote entero a ti, al frigorífico y a tus dos gatos con el contenido de tus peludas grutas nasales.

No leas este libro como si fuera un libro normal

Este **no** es un libro típico. Si este libro fuera un niño en edad escolar, seguramente se pasaría los recreos en la biblioteca, se pondría a girar en las reuniones como un perro que se persigue la cola, y lo reñirían por escribir poemas durante las clases de Matemáticas. Este libro no hay que leerlo en ningún orden particular. De hecho, seguramente es mucho mejor si lo vas leyendo al tuntún. Elige una página cuya pinta te haga gracia y ponte a leerla.

También notarás que muchas páginas tienen letreros en algún sitio. Esos letreros te indican dónde encontrar más información y más tontadas sobre lo que acabas de leer, o sobre algo relacionado, o sobre algo **completamente distinto** que seguramente no tendría que estar en este libro. ¡Como unos **pingüinos cabreados!** ¿Qué demonios pintan aquí?

¡Ya está casi terminado!

Sigue esos letreros si te apetece. O no les hagas caso. **O chúpalos con la lengua.** A mí no me importa. Me he gastado todo el dinero que me han dado por este libro en árboles y arbustos frutales, y mientras tú estás leyendo esto es muy probable que yo esté cortando cardos y podando groselleros mientras canto para mí mismo canciones raras que hablan de comer repollo y de cómo se puede hacer ropa con cacas de oso.

Advertencia sobre los datos

Con los datos hay que tener **mucho cuidado.** El problema de los datos es que **no siempre son ciertos.** Muchos datos se quedan anticuados enseguida. Por ejemplo, mientras escribo este libro hay un poco menos de ocho mil millones de seres humanos en el mundo. Cuando tú lo leas, ese número seguramente habrá cambiado. Podría ser mayor. Podría ser menor. Pero seguramente será mayor.

Si resulta que alguno de los datos del libro ya no es cierto, no me eches la culpa a mí. No estoy **diciendo mentiras.** ¡Sencillamente, eso es lo que pasa con los libros!

Sin embargo, lo curioso es que todas las cosas inventadas del libro seguirán siendo ciertas. Todas las anécdotas, los chistes, los poemas y las tontadas seguirán siendo igual de ciertos hasta que los pingüinos cabreados se apoderen del mundo para **vengarse** de todos los que se han reído de ellos en el zoo.

Página del comienzo

Bienvenido al comienzo del libro.

Sí, efectivamente. Todas esas páginas que has leído hasta ahora no cuentan. Eran como cuando llega la gente a una fiesta pero aún no han empezado a comer ni beber. Ahora llega el momento en que te pondrás morado de magdalenas que te dejarán turulato y empezarás a rebotar por las paredes como una pelota en el castillo inflable del país de Rebotilandia.

Recuerda que puedes leer este libro **en el orden que quieras.** Me da igual cómo lo leas, pero si te apetece explicármelo, por favor, cuéntamelo en un correo y envíamelo a james@me_importa_un_cuerno_cómo_lo_hayas_leído.com

Por cierto, has hecho muy bien eligiendo este libro. Hay muchísimos libros por ahí que cuentan cosas que no son verdad. Pero tú has elegido **algo real** y algo a lo que puede resultar duro enfrentarse. Enhorabuena por ser **un valiente.**

Estoy así de orgulloso.

Observa estos letreros. Elige uno para empezar a leer, ¡y empieza a salvar el planeta!

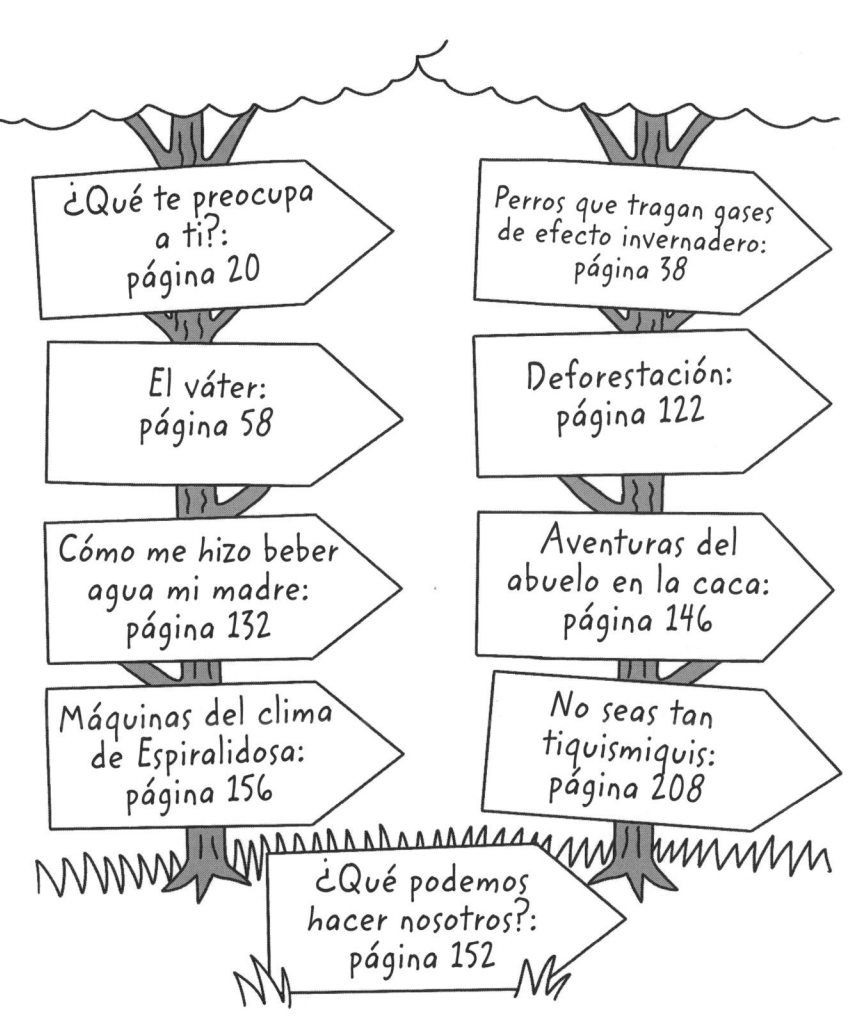

¿Qué te preocupa a ti?: página 20

El váter: página 58

Cómo me hizo beber agua mi madre: página 132

Máquinas del clima de Espiralidosa: página 156

Perros que tragan gases de efecto invernadero: página 38

Deforestación: página 122

Aventuras del abuelo en la caca: página 146

No seas tan tiquismiquis: página 208

¿Qué podemos hacer nosotros?: página 152

Algunas cosas sobre el planeta Tierra

El planeta Tierra es **el tercer** planeta a partir del Sol en lo que llamamos sistema solar. No da esa impresión desde el sitio en que estás, pero en realidad la Tierra está viajando por el espacio a gran velocidad, dando una vuelta entera al Sol cada año. Además, la Tierra gira sobre sí misma, y cada giro completo produce un día y una noche. Cuando la parte de la Tierra en que estás mira al Sol es de día, y cuando mira para el otro lado es de noche.

La Tierra tiene **un diámetro** de 12 742 kilómetros, y **pesa** unos 6000 trillones de toneladas.

La mayor parte de la masa, lógicamente, está en el interior. El interior de la Tierra está formado por roca, por roca derretida y por las almas de los profesores suplentes. Pero la parte de la Tierra que más nos interesa es **la superficie**; o sea, la fina capa en que vivimos y **la atmósfera** que está encima.

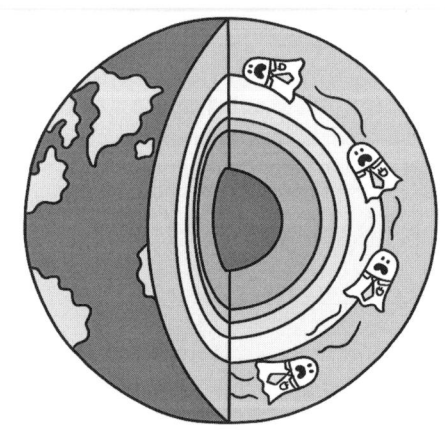

Es un milagro que haya vida en la Tierra.

Si la Tierra se encontrara un poco más cerca del Sol, estaría demasiado caliente para vivir en ella. Si se encontrara un poco más lejos, estaría demasiado fría.

¡Esta está perfecta!

Además, tenemos la suerte de tener un campo magnético. Ese **campo magnético** es una barrera invisible que nos protege de todo tipo de energía cósmica chunga (lo que se llaman radiaciones), que de no ser así desintegraría los árboles y haría estallar los limones.

Aparte de eso, necesitamos la existencia de otros planetas. Júpiter está tan lejos que para llegar hay que coger tres autobuses, pero, debido a lo **enorme que es,** hace un trabajo estupendo atrayendo objetos que vuelan por el espacio. Si Júpiter no existiera, la Tierra recibiría el impacto de muchos más asteroides, meteoritos y frigoríficos tirados por extraterrestres con muy poca educación.

¡Uf, no me da el día para todo lo que tengo que hacer!

La Luna también es muy importante. Por un lado, su gravedad hace que el giro de la Tierra sea cada vez más lento. Hoy día, el planeta se toma 24 horas para dar un giro completo, pero en los tiempos en que los dinosaurios andaban por ella con su cara mustia, lo hacía en solo 23 horas.

Además, sin la Luna la Tierra se saldría de madre y empezaría a girar a lo loco y el tiempo sería un asco. Sería algo parecido a estar dentro de una **lavadora en marcha.**

No te metas en una lavadora en marcha.

La mayor parte de la Tierra está cubierta de agua, así que quizá debería llamarse «planeta Agua».

¿Alguna pregunta?

LA TIERRA SE LLAMA AHORA

PLANETA AGUA

¿Podemos escapar a otro planeta?: página 52

¿Cuántos años tiene el planeta Tierra?

Nuestro querido planeta existe desde hace cuatro mil quinientos millones de años; o sea, **4 500 000 000 años.**
Esto significa que es aún más viejo que tu profe. En todo ese tiempo, ha cambiado de forma, lo han aplastado millones de leguas y, por supuesto, ha estado girando alrededor del Sol. Igual que tu profe.

¡HA DICHO LEGUAS, NO YEGUAS!

Durante todo ese tiempo, el Sol se ha vuelto **más caliente,** pero increíblemente la Tierra ha conseguido mantener más o menos la misma temperatura. Lo ha logrado gracias a las plantas y los árboles. Cuanto más se calentaba el planeta, más árboles crecían. Los árboles retiran carbono de la atmósfera, y eso enfría el planeta.

También ha habido ocasiones en que el planeta se ha enfriado. Al enfriarse crecían menos árboles, y el carbono extra de la atmósfera ayudaba al planeta a volver a calentarse.

MI ESQUEMA DEL CICLO DEL CARBONO

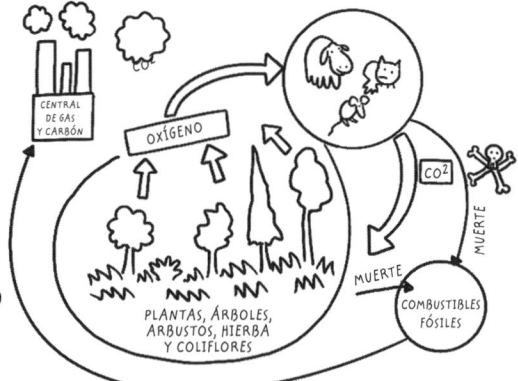

CENTRAL DE GAS Y CARBÓN

OXÍGENO

CO_2

MUERTE

MUERTE

COMBUSTIBLES FÓSILES

PLANTAS, ÁRBOLES, ARBUSTOS, HIERBA Y COLIFLORES

¿Cuánto tiempo llevamos aquí los humanos?

Seres que se parecen a nosotros y que caminan como nosotros llevan en el planeta Tierra unos **300 000 años**.

Las primeras civilizaciones documentadas existieron hace unos **7500 años**.

Aprendimos a sacar petróleo del suelo hace **170 años**.

Los científicos descubrieron que nuestra actividad está calentando el planeta hace unos **150 años**.

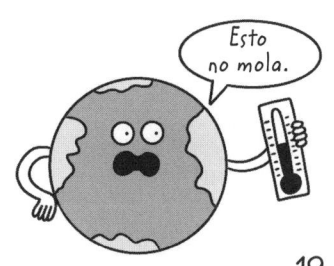

¿Qué te preocupa a ti?

Mientras escribía este libro he visitado montones de escuelas de Primaria y les he hecho esta **pregunta** a cientos de niños:

¿Qué te preocupa a ti del planeta?

He aquí algunas de las cosas que preocupan a niños como tú:

La contaminación.

El cambio climático (subida de la temperatura y tal).

Los tiburones apoderándose del mundo.

El plástico en los mares.

Los vertidos tóxicos que se hacen a los lagos y tal.

Los peces con ruedas.

Las aspiradoras apoderándose del mundo.

La pérdida de biodiversidad (animales y plantas que se extinguen).

Los patos con espada.

Olores muy malos apoderándose del planeta porque nuestro vecino tiene en la casa un ser muy asqueroso y si eso se extiende por el mundo vamos a pasarlo todos muy mal...

La deforestación.

No poder broncearme este verano...

... y, además, morirme.

Así que hay mucho motivo de preocupación, ¿verdad?

21

En primer lugar, **quitemos** aquellos motivos de preocupación que no creo que haya que tomarse realmente en serio. Broncearse es muy fácil: lo único que hay que hacer es darse un poco de protección solar y después pasar tiempo al aire libre durante el día. Terminarás cambiando de color.

Los malos olores son algo espantoso, pero normalmente no se extienden por todo el planeta. Si un perro se tira un **suspiro anal descomunal,** olerá horrible y alguna gente se echará a llorar, pero el perro no va a tirarse pedines el tiempo suficiente para que huela **en el mundo entero,** ni sus pedines van a impedir que alguien pueda escapar de casa, ni le van a impedir a nadie levantarse, ni nada de eso. No. Al final el perro se quedaría sin aire y se volvería **bidimensional.** Y eso estaría bien, porque ya no tendrías que sacarlo por la mañana. Él pasaría simplemente por debajo de la puerta.

Nunca he oído que hubiera **patos con espada.**
Los patos no tienen manos, ¿cómo iban a agarrar la espada?

No va a suceder... Y si los patos intentaran apoderarse del mundo o hacer algo peligroso, los podríamos **distraer** tirándoles miguitas de pan.

Las aspiradoras son raras y un poco inquietantes, pero tampoco creo que vayan a apoderarse del mundo. Al final se quedarían sin batería y además necesitarían a alguien que viniera a quitarles los pelos de perro de los rodillos.

Los tiburones no pueden apoderarse del mundo porque son incapaces de respirar fuera del agua. Y, de modo similar, aunque **los peces tuvieran ruedas,** ¿por qué iban a querer vivir en la tierra? ¿De verdad iban a querer entrar en un centro comercial cuando hay rebajas? Tal vez lo hicieran una vez por probar. Pero seguro que los pisaba alguna jirafa aficionada a los chollos.

Las demás cosas de la lista, sin embargo, sí son cosas **que podrían suceder, que sucederán, o que ya están sucediendo.**

Me gustaría dividir mis preocupaciones en dos tipos:

Cosas que puedo cambiar
y
Cosas que no puedo cambiar

No sirve **de nada** que me preocupe
por las cosas que no puedo cambiar.
La vida es mucho mejor si me concentro
en cambiar las cosas que sí puedo cambiar.
No puedo detener a los pingüinos cabreados
que vienen **a invadir** España, pero sí puedo
colocar **barreras antipingüinos** alrededor
de mi casa.

Así que, volviendo a observar la lista de **todas** las cosas
que te preocupan...

Si hay algo que te preocupa y que no se encuentra en esta lista,
por favor, ponme al corriente mandándome un email
a james@deja_de_mandarme_emails_tío_raro.com

Vamos a hacer **otra** lista de cosas que claramente podrían
suceder, o están ya sucediendo, y nosotros podemos hacer algo
al respecto.

Aquí está la lista:

Cambio climático
Contaminación
Plástico en los mares
Deforestación
Pérdida de biodiversidad

Todas estas cosas están realmente sucediendo... ahora mismo.

El clima está **cambiando.** Las temperaturas aumentan. La contaminación enferma a mucha gente. El mar se está llenando de tantos plásticos que pronto habrá más plásticos que peces. Los bosques están siendo talados a una velocidad alarmante y continuamente **se extinguen** muchas especies.

Pero esto podemos cambiarlo.

Podemos hacer algo al respecto.

¡Estoy lista!

Este libro te enseñará lo que puedes hacer. **Ahora.** Así que ve y ponte tus pantalones más cómodos, respira hondo y sigue leyendo.

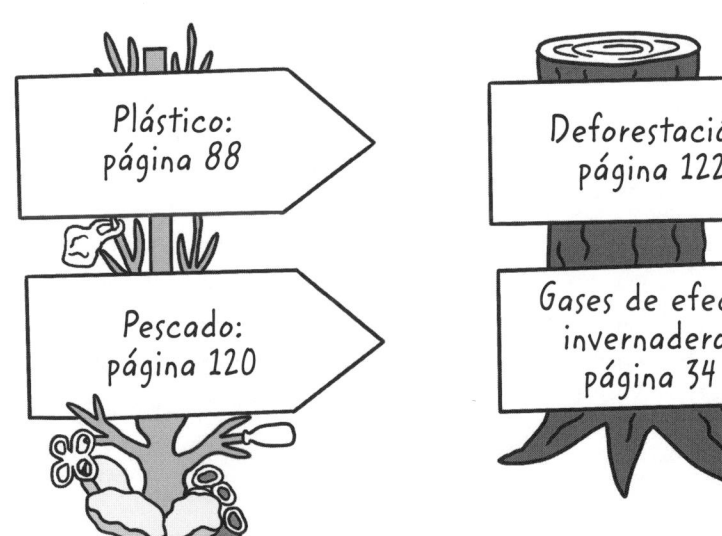

Plástico: página 88

Pescado: página 120

Deforestación: página 122

Gases de efecto invernadero: página 34

Lo que me preocupa a mí y lo que hago al respecto

¿Por qué estoy escribiendo este libro?

Me preocupo por el planeta cada vez más desde que empecé a oír lo del cambio climático. Sin embargo, no soy un ecoguerrero total. Nunca he ido a una manifestación de protesta. No llevo camisetas con frasecita. De hecho, durante la primera mitad de mi vida adulta, he sido lo contrario de un ecoguerrero. Volaba a todas partes en avión, haciendo mi *show Comedy 4 Kids*, en Estados Unidos, Canadá, Autralia, Nueva Zelanda... Iba a todos lados. Y cuando tenía veintitantos años, me alimentaba a base de comida rápida y comida para llevar.

¡¿QUIÉN SE HA LLEVADO MI BAÑERA?!

Sin embargo, a los treinta y pocos años decidí empezar **a cultivar verduras.** Por aquel entonces vivía en un pequeño apartamento de Londres que tenía un patio diminuto. Pero un día encontré una bañera vieja que habían dejado en la acera.

Así que la arrastré hasta mi apartamento y la fijé en el patio. Al día siguiente compré todas las bolsas de **compost** que podía llevar (una), y eché el compost en la bañera. Una vez llena la bañera de compost, cultivé patatas en ella. Salieron **unas patatas estupendas.**

El sábado siguiente cultivé zanahorias en una vieja cómoda, y guindillas en un pequeño invernadero que hice con un acuario. Si hubiera seguido en Londres, habría terminado cultivando ruibarbo en una pecera y maíz en la taza del váter.

Unos años después me escapé al campo, donde me agencié terrenos cada vez mayores **para cultivar** cada vez más comida.

Al mismo tiempo, sin embargo, vivía en casas también cada vez mayores. Al final comprendí que tenía que encontrar un modo de vivir **completamente distinto.**

No he probado el maíz...

Así que me compré una caravana y la reconvertí para **desconectarme de la red.** Eso significa que no estoy conectado a la red nacional de electricidad, ni a sus centrales eléctricas ni torres de alta tensión. Dependo de paneles solares y de una estufa de leña. Tengo la caravana puesta en un campo de tierra que no se usa, donde vivo con mi pareja, Rebecca.

El campo no ha sido explotado en unos veinte años, y cuando yo lo vi por primera vez, era poco más de una hectárea de cardos espinosos, todos más altos que yo. Después de mucho segar descubrí cinco o seis ciruelos y un hermoso rincón en el que aparcar mi caravana.

Desde entonces vivo aquí. He plantado árboles para que me den fruta y leña. Hay arbustos y hasta un pequeño invernadero donde crío los bebés de las plantas que tenemos.

YO Y MI PEQUEÑA CASA

Me gusta intentar **experimentar** con todas las maneras de salvar el planeta que conozco, como hornos solares, inodoros compostadores y recogida de agua.

Compost
de caquita:
página 160

Agua:
página 106

Lo que yo hago es un poco **extremo.** A veces resulta duro. Pero básicamente creo que hago lo correcto. Mi principal preocupación con la humanidad es **la crisis del clima.**

¿Qué podemos
hacer nosotros?:
página 152

Energía:
página 66

¿Qué es la crisis del clima?

Con los años, el lenguaje salvaplanetístico ha cambiado.

Cuando yo era pequeño, la gente hablaba de salvar las ballenas y el medio ambiente.

Luego me di cuenta de que la gente empezaba a usar la expresión **«calentamiento global».** Los científicos habían calculado que la atmósfera era un poquito más cálida cada año. También descubrieron que eso ocurría debido a que los **gases** producidos por las granjas y las centrales de energía causaban algo llamado **efecto invernadero.**

Gases de efecto invernadero: página 34

Perros que tragan gases de efecto invernadero: página 38

Los científicos comprendieron que las cosas habían ido mal para el planeta desde la **Revolución Industrial.** Eso fue allá por los comienzos del siglo XIX, cuando los humanos inventaron el motor de vapor y las fábricas y máquinas para hacer cosas. Para que funcionaran, tenían que quemar un montón de carbón, lo cual produce esos gases tan malos. Y lo hemos seguido haciendo desde entonces.

Esta máquina produce una tremenda cantidad de energía.

Y una tremenda cantidad de humos.

Igual que tu trasero.

Ese fue **el comienzo** del calentamiento global.

El problema de la frase «calentamiento global» es que en realidad **suena bastante bien,** sobre todo si se vive en un país en el que suele hacer frío. La idea de ir por ahí en bikini atrae mucho a algunos. Sobre todo a los perros, no sé por qué.

Desde la Revolución Industrial, la temperatura media en el mundo ha subido alrededor de 1 °C. Eso no parece mucho, pero ten en cuenta que se trata de **la temperatura media.** Eso quiere decir que algunos lugares apenas se han calentado, mientras que otros que ya eran cálidos se han vuelto **tan calurosos** que la gente tiene que dormir con los pies en la piscina (los que la tienen).

El calentamiento global está causando todo tipo de problemas. No solo un clima más caluroso, sino también **más extremo.** Habrá más tormentas, más huracanes, más sequías y más días en los que haga demasiado calor para mover un dedo.
Y hay muchos otros problemas. Muchos animales se están extinguiendo. El plástico se nos ha ido de las manos. El nivel de los océanos está subiendo, así que la gente que vive junto al mar o un río tienen más probabilidades de sufrir una inundación.
¡Y han empezado a aparecer pingüinos cabreados que gritan venganza!

¿Qué podemos hacer nosotros?: página 152

Ahora hablamos del calentamiento del planeta como de **una crisis climática.** Eso suena un poco más urgente. Una crisis es algo respecto a lo cual tenemos que hacer algo ya. Si no, las cosas irán a peor.

Pero **tranqui...** Hay **muchas cosas** que puedes hacer. Muchas cosas que puede hacer tu **familia** y **tu comunidad.** Muchas cosas que pueden hacer **los gobiernos.** Y muchas cosas que se están haciendo ya. De eso trata este libro.

QUÉ HACER EN UNA CRISIS

Gases de efecto invernadero

Puede que hayas oído hablar de los **gases de efecto invernadero.** Pero ¿sabes lo que son? Vamos a hacer un test. ¿Cuál de estas frases describe mejor lo que son en realidad los gases de efecto invernadero (o GEI)?

a. Gases que se generan cuando se derrite un invernadero hasta que se evapora.

b. El terrible olor causado por alguien que se tira pedos en un invernadero.

c. Gases que hacen que la atmósfera de la Tierra se comporte como un invernadero.

¡Has acertado! La respuesta es **b.**

Es broma. Por supuesto, la respuesta es **c.**

Los dos principales gases de efecto invernadero son **el dióxido de carbono** y el **metano.**

Estos dos gases flotan por la atmósfera y producen un efecto peculiar: permiten que penetre el calor del sol, pero le impiden volver a salir; exactamente como hacen los cristales de un invernadero. Y a esto se le llama **«efecto invernadero».**

Los gases de efecto invernadero actúan como **una tapa de cristal** suspendida en lo alto de nuestra atmósfera. Cuanto más gas hay, más gruesa es la tapa y más guarda el calor en el interior.

El **dióxido de carbono** lo producen los animales al respirar.

También se produce cuando quemamos cosas o las hacemos explotar.

En los últimos cuarenta años hemos aumentado **enormemente** la cantidad de dióxido de carbono que producimos. Sobre todo, por usar **petróleo** en los motores de nuestros coches, por quemar carbón y gas en las centrales térmicas y por criar y comernos miles y miles de millones de animales cada año.

El **metano** es más raro que el dióxido de carbono y no producimos tanto. Pero es mucho más potente. Es algo así como poner toda una nueva capa de cristal encima de la atmósfera.

El metano lo producen: la basura que se pudre en vertederos y los animales eructando y tirándose **peditos.**

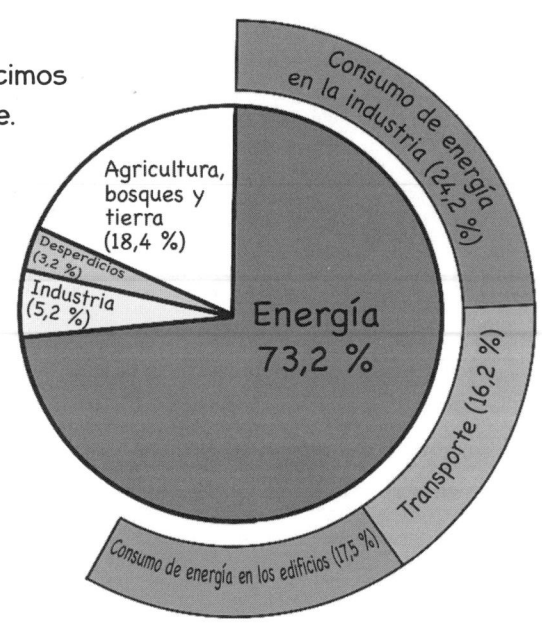

Porcentajes de emisiones de dióxido de carbono y de dónde proceden

Puede que pienses que los eructos y peditos de los animales **no** pueden producir mucho metano, pero recuerda esto:

Aproximadamente el 60 % de los mamíferos son animales de granja. Principalmente vacas, cerdos y pollos. ¡Y se pasan el tiempo eructando y tirándose pedos! El 36 % de los mamíferos de la Tierra somos humanos. Y nosotros **también** eructamos y nos tiramos pedos. Afortunadamente, nuestros eructos y pedos no contienen metano. Si lo tuvieran, después de la comida los niños explotarían.

Así que **los mayores causantes** de gases de efecto invernadero son la manera en que producimos comida, la manera en que comemos, la manera en que viajamos y la manera en que producimos la electricidad y el calor para nuestras casas.

Y todos estos gases de efecto invernadero están calentando la Tierra **a toda velocidad.**

Puede que la solución sea:

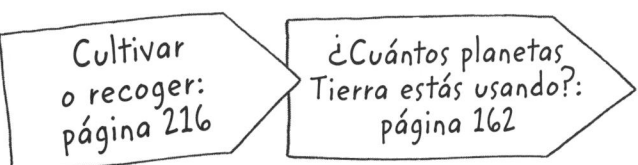

Cultivar o recoger: página 216

¿Cuántos planetas Tierra estás usando?: página 162

Perros que tragan gases de efecto invernadero

Lo emocionante es que en la provincia de Segovia, el Museo del Aire de Airecillo de la Sierra está experimentando con la crianza de perros capaces de tragar gases de efecto invernadero.

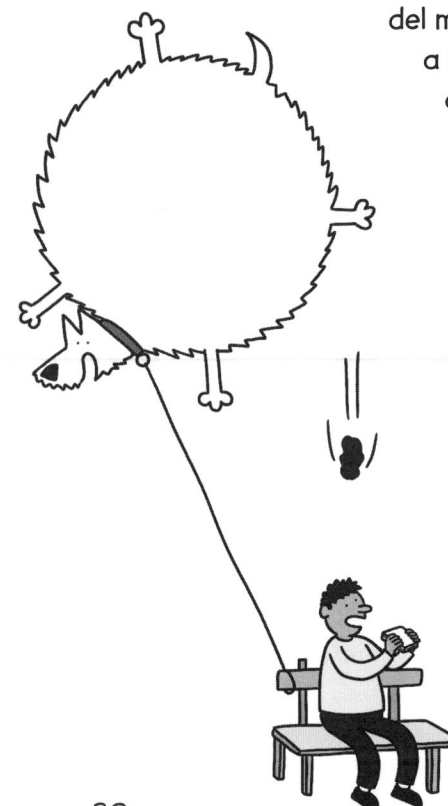

El Airedale Terrier es el único **perro inflable** del mundo. Como tal, se le puede atar a una correa superlarga y llevarlo flotando como un globo. Estos fififofos volantes y gigantes devoran todo el dióxido de carbono del aire y lo convierten **en caquitas superduras** que caen al suelo.

El Museo del Aire espera encontrar la manera de recoger esos zurullos de cacacarbono y enterrarlos hondo en minas de carbón abandonadas.

Se espera que este descubrimiento ayude a retirar del aire una gran cantidad de carbono.

Pero he hecho algunos cálculos y he llegado a la conclusión de que para resolver la crisis climática usando perros inflables necesitaríamos **mil millones** de perros. Mil millones de perros grandes y fofos, como globos peludos, chocando unos con otros en el aire... Creo que la novedad perdería su gracia cuando te hubieran caído un par de cacas del cielo.

También se nos agotarían muy pronto las minas abandonadas. Y eso, entre otras cosas, estropearía el 73 % de las historias de *Scooby Doo*. Pero además, muy pronto, necesitaríamos encontrar otros usos para la caca caída del cielo.

Máquinas del clima de Espiralidosa: página 156

Puntos de inflexión

¿Qué es un **punto de inflexión?**

Bueno, imaginemos que por algún motivo tú estás subiendo una montaña empujando la silla de tu hermanito. Así:

Cuando empujas, te das cuenta de que si haces fuerza, la silla sube más y más. Cuanta más fuerza hagas, más rápido subirá.

Pero cuando llegues a lo alto de la montaña, es muy importante **que dejes de empujar.** Si empujas la silla un poquito más, saldrá corriendo cuesta abajo, y enseguida verás a tu querido hermanito precipitándose por el otro lado de la montaña, a mil por hora, y te vas a ver metido **en un buen lío.**

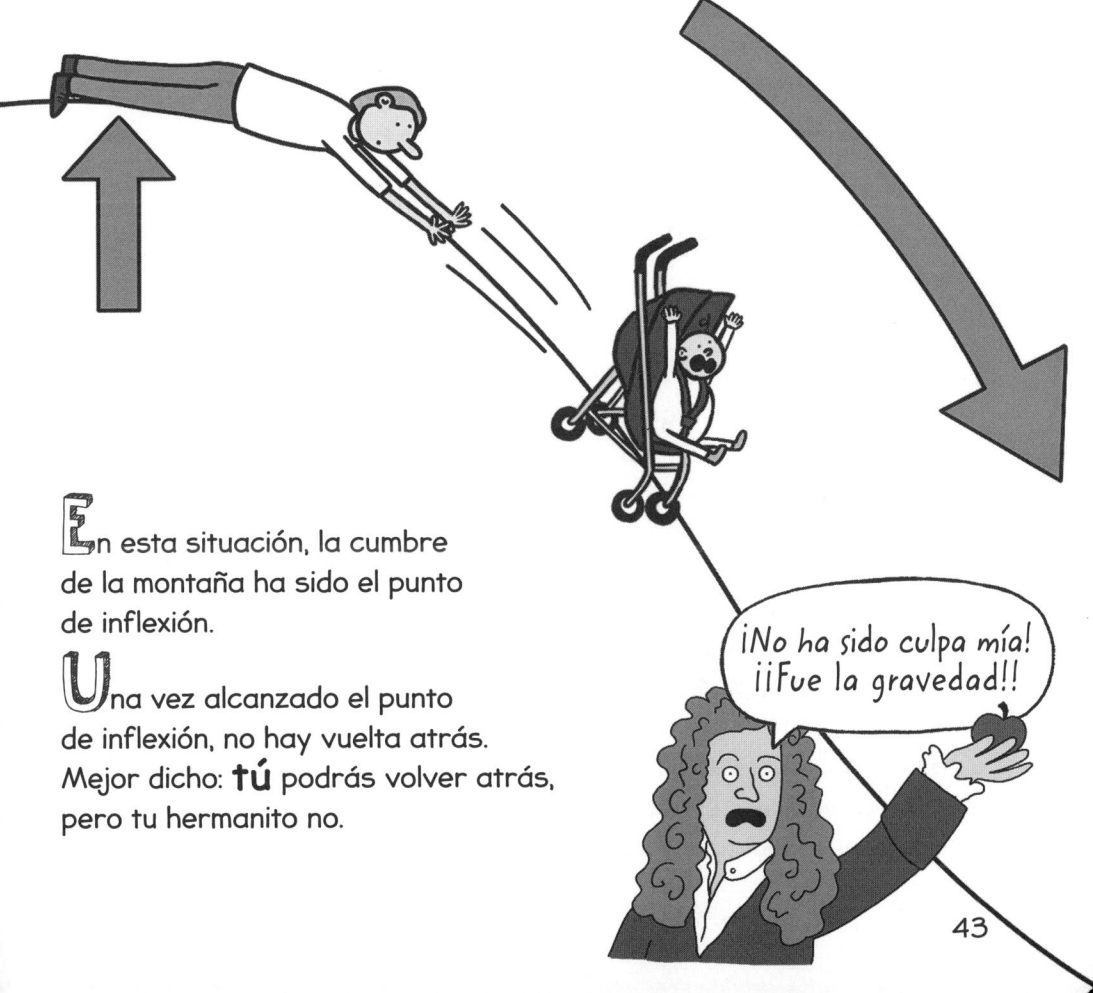

En esta situación, la cumbre de la montaña ha sido el punto de inflexión.

Una vez alcanzado el punto de inflexión, no hay vuelta atrás. Mejor dicho: **tú** podrás volver atrás, pero tu hermanito no.

¡No ha sido culpa mía! ¡¡Fue la gravedad!!

En los sistemas del clima, hay **muchos** puntos de inflexión. El problema es que no suelen estar tan claros como la cumbre de una colina. Muchas veces no sabemos que hemos llegado hasta el punto de inflexión hasta que el problema se nos escapa de las manos y empieza a correr cuesta abajo.

Por ejemplo, fijémonos en **el Ártico.**

Si miras una foto del planeta Tierra, verás que el Ártico (el cachito alrededor de la punta de arriba) está blanco. Eso es porque está formado de hielo. **El Antártico** (alrededor de la punta de abajo) también está blanco. Está hecho de patatas asadas que unos **pingüinos cabreados** han pintado de blanco para confundir a la gente. Pero no se lo cuentes a nadie: no te iban a creer.

Tanto el Ártico como el Antártico actúan como **espejos gigantes** y hacen un gran trabajo devolviendo al espacio un montón de luz.

El problema es que, como nuestro planeta se está calentando, el hielo del Ártico y el Antártico ha empezado **a derretirse.**

En estos momentos el Ártico pierde cada año unos **150 000 millones de toneladas** de hielo. En algún momento el planeta estará tan caliente que el Ártico ya no podrá conservar su hielo. Ni el Antártico tampoco. Y si todo el hielo se derrite, habrá más agua en el océano, y eso supondrá más inundaciones y menos tierra.

Ese sería el punto de inflexión.

No sabemos cuándo sucederá eso, pero la mayor parte de los científicos está de acuerdo en que **si seguimos calentando el planeta** como lo estamos haciendo, sucederá.

Héroes salvaplanetas.
Dra. Ella Gilbert:
página 77

Héroes salvaplanetas.
Sir David
Attenborough:
página 172

Otras crisis causadas por humanos

Normalmente, los humanos somos criaturas muy atareadas. Siempre nos traemos algo entre manos. No solo hemos logrado fastidiar la temperatura del planeta, también hemos causado **otros problemas gordos.** He aquí un breve resumen:

La contaminación de plásticos es un problema enorme. El plástico es una sustancia estupenda que hemos aprendido a hacer a partir del petróleo. Pero el problema del plástico es que no se degrada. ¡Como los cepillos de dientes, por ejemplo! Cada uno de los cepillos de dientes que se ha fabricado en algún momento sigue existiendo. No se puede hacer compost con el plástico. **No se lo puede hacer desaparecer.** ¡Y se está apoderando del mundo!

Hay montañas de plástico inundando los mares, alfombrando las playas del mundo y entrando en el estómago de las criaturas marinas.

¡Nos estamos apoderando del mundo!

Hasta ahora, los humanos solo hemos reciclado el **9 %** de todo el plástico que hemos fabricado. El resto termina por ahí tirado, y de ahí el viento se lo lleva hasta los ríos y luego al mar.

La deforestación es la causa principal de la **extinción animal.** Los humanos talamos hábitats naturales con el fin de usar la tierra para cultivar comida barata, como el aceite de palma. Y dado que el aceite de palma solo puede producirse en sitios tropicales, se ha talado una gran parte de los bosques tropicales de Indonesia, Malasia y otros países. Eso amenaza a los animales que viven allí. En especial, a los orangutanes.

Deforestación:
página 122

¿Cómo puede
el veganismo
salvar el planeta?:
página 197

La escasez de agua se está convirtiendo en un gran problema en todo el mundo. Pues aunque la mayor parte del planeta Tierra está cubierta de agua, solo el **1 %** de esa agua es bebible. (¿Alguna vez has probado agua del mar? Es como lamer el suelo de una tienda de patatas fritas). Toda el agua potable del mundo es la misma agua que da vueltas, pasando por los árboles, por las personas, por los charcos, subiendo al cielo, cayendo del cielo en forma de lluvia y nieve, y pasando a través de los tejones, de las zanahorias y del presidente del Gobierno. Siempre la misma agua, que no deja de dar vueltas y vueltas. No podemos sacar agua del espacio, así que, **si no tenemos suficiente, pues no tenemos suficiente.**

Cuanta más gente hay en el planeta, más pis hacemos y más agua usamos para tirar de la cadena.

¿Por qué no va la cadena del váter?

El váter: página 58

Agua: página 106

La palabra **«biodiversidad»** se refiere a los distintos tipos de animales y plantas que hay en el planeta. Cada vez que **destruimos un lugar natural** para producir alimentos o construir casas, destruimos hábitats. Por culpa de eso, muchos animales y plantas se están extinguiendo. Esto pasa tan a menudo que ni siquiera sabemos cuántos seres vivos están desapareciendo, pero los científicos estiman que son entre **200** y **2000 especies por año.**

Cuando se extingue una especie, se extingue para siempre. Nunca volverá. No se puede reiniciar. No se puede adaptar. **Desapareció.**

Actualmente, por culpa nuestra, más de **40 000** tipos de animales y plantas están en peligro de extinción.

Mucha gente se pregunta si de verdad esto es un problema. Por ejemplo, si en mi campo tengo 20 tipos distintos de mariposas y desaparece una, aún me quedan 19 tipos distintos. ¿Es que no tengo suficiente?

Bueno, el problema es que no lo sabemos. **Los ecosistemas** son más fuertes cuando hay muchas variedades y muchas conexiones entre todas ellas. Como en una red de pescar.

Tengo dos riñones. Aparentemente, puedo vivir muy feliz y contento con uno nada más. Pero me gusta tener dos. Decididamente, no quiero que me quiten uno para cultivar aceite de palma en mi barriga.

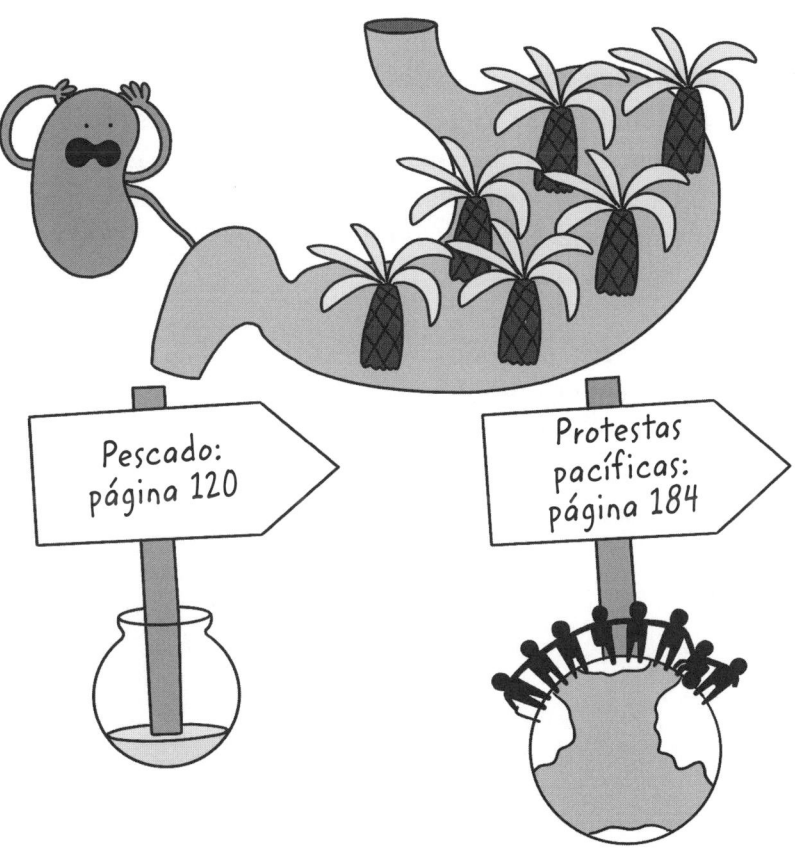

Pescado:
página 120

Protestas
pacíficas:
página 184

¿Podemos escapar a otro planeta?

¡Qué idea tan buena! ¿Por qué no podemos agotar este planeta y después marcharnos **a otro** que sea parecido a la Tierra?

Pero...

Ninguno de los demás planetas de nuestro sistema solar puede **albergar vida.** Marte estaría bien si no nos importara caminar todo el día con trajes espaciales..., pero al cabo de un rato se haría muy aburrido. Imagínate intentar hacer pícnic. Terminarías restregándote el casco con los sándwiches.

El sistema solar más cercano que pudiera incluir un planeta decente se llama Proxima D y está a unos **4,2 años luz.** Ese es el tiempo que tarda la luz en llegar allí.

La luz viaja a unos **300 000 kilómetros por segundo.**

Los cohetes más rápidos que hemos construido hasta ahora pueden viajar a unos 70 kilómetros por segundo. A esa velocidad nos costaría 200 años llegar a Proxima D.

Y para propulsar un cohete en un viaje tan largo, se necesitaría todo el combustible que queda en la Tierra. Así que, a menos que encontremos **un portal mágico,** no hay planeta B.

Estamos atrapados en esta nuestra Tierra. Tenemos que encontrar la manera de seguir aquí felices. Porque si viviéramos en otro planeta, echaríamos de menos nuestro hogar. Para empezar, es el único lugar en el que te traen la *pizza* hasta la puerta de casa.

¿Podemos salir de este apuro gracias a la ciencia?

Sí. Científicos de todo el mundo están trabajando muy duro intentando encontrar soluciones a todos estos problemas. Mucha gente trata de inventar máquinas enormes que succionarían el carbono de la atmósfera y lo convertirían en piezas de Lego©.

Máquinas del clima de Espiralidosa: página 156

El problema de estas máquinas es que hasta ahora **nadie** ha logrado que funcionen.

Eso es un poco como volver a casa del cole y decirle a tu padre:

Esta máquina succionará el carbono del aire.

¡Guay! ¿Cómo funciona?

No funciona.

Papá, tengo hambre.

No te preocupes, he solucionado el problema de tu hambre inventando la cena.

¡Maravilloso! ¿Y qué hay para cenar?

Bueno, no he hecho la cena.

La buena noticia, sin embargo, es que ya tenemos toda la tecnología que necesitamos para solucionar todos los problemas. No necesitamos nada nuevo. Solo necesitamos apañárnoslas usando lo que tenemos.

CAMBIO CLIMÁTICO
EXPOSICIÓN EN EL
MUSEO DEL AIRE DE AIRECILLO

No te pierdas
el Museo del Aire
de Airecillo de la Sierra.
¡Podrás ver la nueva
exposición sobre
el cambio climático!

¡El sitio para ver aire ardiente!

Se dice que el cambio climático es algo bastante **complicado,** pero nuestra exposición de máquinas mágicas te sorprenderá. Los inventos expuestos **no existen** todavía, pero si existieran, entonces todos podríamos seguir como siempre y todo sería guay. Así que seguid comprando montones de cosas, amigos. ¡La tienda de regalos está llena de chismes que no necesitáis!

Patrocinado por la Gran Compañía del Petróleo, el Gran Banco y los Grandes Fertilizantes.

El café está abierto hasta las 17:00 h.
El 90 % de la carta contiene aceite de palma.

¿Podemos ignorarlo todo?

Mucha gente usa una táctica **muy idiota** para resolver los problemas: hacen como si el problema no existiera.

Por supuesto, la sala de estar no tardará en arder también. Y los dormitorios. Y la casa entera. Si nuestra cocina se ha incendiado, es buena idea hacer algo. De hecho, si algo está ardiendo, suele ser buena idea **hacer algo.**

¿Qué podemos hacer nosotros?: página 152

Ecopreocupaciones: página 228

No seas tan tiquismiquis: página 208

Morag es mi heroína en lo que se refiere a permacultura.

La **permacultura** es un enfoque ecológico para vivir, pensar y cultivar plantas. Anima a la gente a trabajar con la naturaleza y a ayudar a nuestro planeta.

Le he contado a Morag lo de mi bosque de comida, y que los conejos **se me comen las plantas.** Ella también tiene bichos en su bosque-jardín, y no solo conejos, sino canguros, ualabíes, peramélidos y delfines de café con leche. Y a todos les gusta morder sus plantas.

Pero Morag se ve a sí misma como una de las **cultivadoras de la huerta.** Dice que recolecta comida para ella y su familia, y que lo mismo hacen los canguros.

MORAG GAMBLE

Vive: En una ecoaldea cerca de Brisbane, Australia.

Famosa por: ser una experta mundial en permacultura, por eso viaja por el mundo enseñando lo que es, y ha fundado programas educativos y proyectos de voluntariado para que corra la voz.

Mérito extra: Ayuda a conectar comunidades con personas indígenas.

El váter

Vale, ha llegado el momento de hablar del váter. **No te rías.**
Todos tenemos que ir al váter. Hay quien lo llama el inodoro.
Otros lo llaman..., bueno, aquí hay una lista con algunos
de sus nombres:

Trono

Taza

Váter

Meadero

Posapompis

Biblioteca privada

Portal de porcelana

Sumidero

Remolino tormentoso

Tragacacas

Sanitario

Retrete

Evacuatorio

Escusado

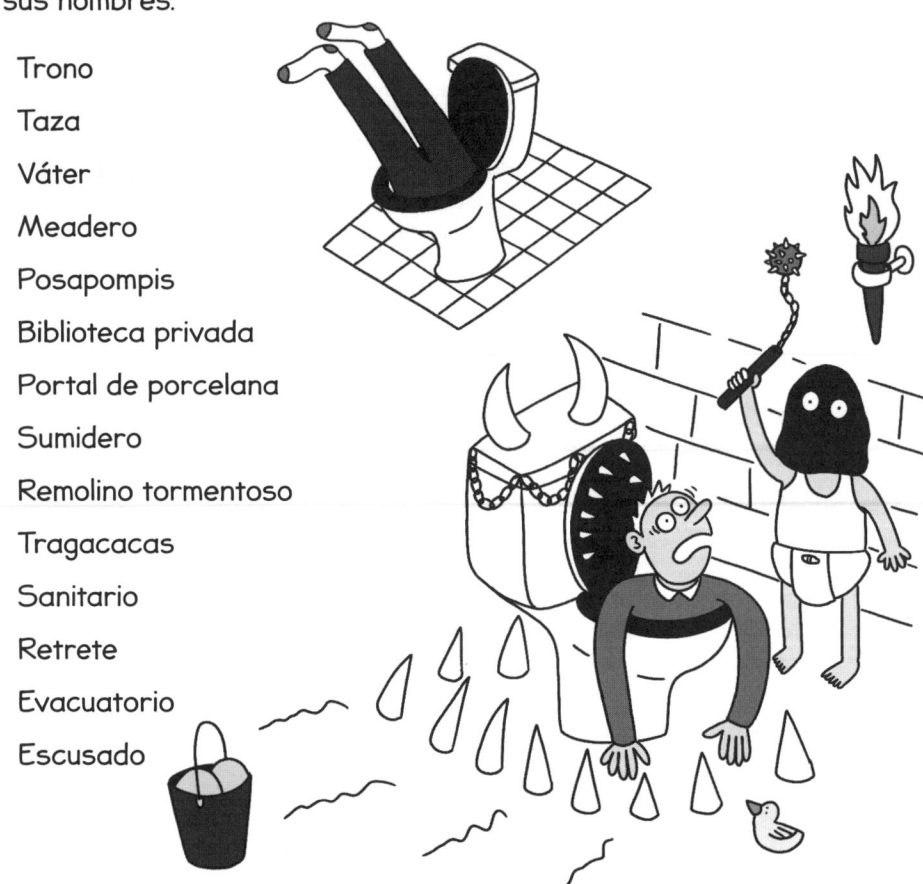

A veces hacemos un pis. A veces hacemos una caquita. A veces nos sentamos para hacer un pis y nos sale caquita también. Yo a esto lo llamo **«caquita sorpresa»**.

A veces pensamos que tenemos que hacer caca, nos sentamos para hacerla, pero no sale nada. A esto lo llamo **«caquita fantasma»**.

A veces pensamos que va a salir un suspiro anal, y resulta que salen cosas más consistentes. A esto lo llamo **«caquita desastre inesperado».** Sobre todo si sucede en el colegio, o en la boda de alguien, o mientras hablas con **un miembro de la familia real.**

Todo el mundo hace pis y caca. Pero ¿qué son? ¿Para qué existen? ¿Por qué alguien ha dejado una en mi jardín?

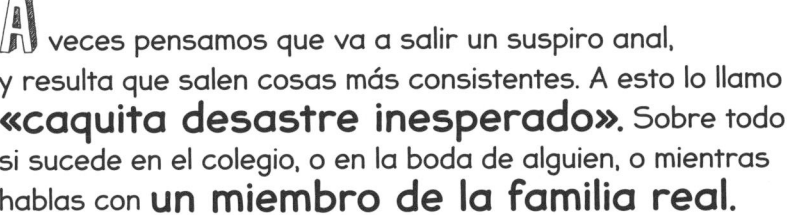

PIPÍS Y CACAS

El pis es toda el agua que tu cuerpo no necesita. A veces contiene miles de millones de hámsteres microscópicos, pero, por algún motivo, nadie habla de eso.

La caca es lo que sobra después de que tu cuerpo haya obtenido de tu comida todo lo aprovechable. A veces también contiene **trozos de maíz,** aunque no hayas comido maíz nunca. Una vez encontré un enanito llamado Alberto, pero creo que tal vez estuviera ya en el váter, haciendo la limpieza anual o intentando inventar un sombrero a prueba de caca. No le funcionó.

Tanto el pis como la caca contienen **nitrógeno,** que es muy útil para alimentar las plantas. Ya lo veremos más adelante.

Compost de caquita: página 160

60

Hace cientos de años la gente hacía pis en el bosque
o detrás de un árbol, igual que el gato de mis vecinos.
Y muchas cacas iban a parar a un agujero en el suelo.
Lentamente se hacían compost y se convertían en tierra.

Cuando la gente empezó a vivir en ciudades, sin embargo,
la cosa se complicó. Porque si quieres hacer caca
en medio de la calle sin que nadie se dé cuenta,
normalmente se dan cuenta.

Por eso inventamos **el sistema de alcantarillado.**

El sistema de alcantarillado está formado por miles de kilómetros de grandes tuberías que conectan todos nuestros váteres. De este modo, podemos tirar de la cadena y mandar nuestro pis y nuestra caca a los ríos y después al mar.

En otro tiempo, este sistema funcionaba estupendamente. Ahora, sin embargo, hay **ocho mil millones de personas** en nuestro planeta y hacemos **demasiada caca.**

Los peces están furiosos.

Una parte del mundo dispone de depuradoras, que son enormes **cubos repletos de caca y pis,** hechos de cemento. Unas máquinas gigantes lo remueven y lo mezclan todo bien con muchos productos químicos para hacer la caquita más higiénica y menos olorosa.

Estas depuradoras son lugares bastante horribles. El abuelo de mis hijos **se cayó** una vez en uno.

Aventuras del abuelo en la caca: página 146

El agua de lluvia usa el mismo sistema de alcantarillado que tu pis y tus caquitas.

Cuando llueve muy fuerte, hay demasiada agua para que el sistema la pueda admitir, y todo lo que hay en las alcantarillas (llegado directamente de tu trasero) va a parar a los ríos y mares **sin** ser tratado ni observado.

Así, cada vez que te das un baño en un río o en el mar, seguramente estás nadando en caca y pis de otras personas.

Y como el pis y la caca son ricos en nitrógenos, se convierten en un **superalimento** para las algas viscosas que viven en los ríos. Entonces estas se apoderan del río para que nada más pueda vivir en él.

Si seguimos mandando caca y pis a los ríos y al mar, al final todos los ríos y mares morirán...
¡por culpa de tu caca apestosa!

Puede que en el futuro guardemos nuestras caquitas en un cubo y después, una vez a la semana, venga un camión y lo succione con una enorme aspiradora (que se llamará **cacaspiradora**, o **macrocacaspiradora**), y luego se lo lleve para convertirlo en compost. Después, una vez al año, te traerán un par de bolsas de compost para usar en el jardín. Podría contener trazas de maíz, pero no dejes que eso te asuste.

¿QUÉ PUEDES HACER AHORA MISMO?

Bueno, tú podrías hacer tu propio váter compostador. Pero tendrías que hablarlo antes con tus padres.

Compost
de caquita:
página 160

Cómo convencer
a tus padres de
hacer algo diferente:
página 186

Lo más sencillo que puedes hacer es usar menos agua en el váter. Pídeles a los adultos que metan un **ladrillo** en la cisterna para que utilice un poco menos de agua cada vez que tiras de la cadena.

AHORRA AGUA ¡PON UN LADRILLO EN TU CISTERNA!

Y tira de la cadena solo si hay caca. No pasa nada si el pis se queda allí un rato. Ahora bien, es preferible aclarar esto antes con el resto de los moradores de la casa.

Cada vez que tiras de la cadena, estás usando **12 litros de maravillosa agua potable.** Desperdiciándolos. Y no tenemos tanta agua en el mundo.

Intenta usar este poema:

Si es color amarillo,

déjalo ahí, chiquillo.

Pero, hombre, si es marrón,

tira con decisión.

Si azul u otro color,

cuéntaselo al doctor.

Y si tiene cara,

intenta darle conversación.

Podría ser mañana

tu amigo del alma.

Energía

La mayor parte de las personas en el mundo usan la electricidad para dotar de energía a sus hogares, o bien el reactor nuclear de su gato loco, que tienen guardado en el cuarto de la lavadora. En España tenemos una enorme maraña de cables y centrales eléctricas llamada **red eléctrica**, que conecta casi todas las casas con su suministro eléctrico.

En nuestras casas **casi todos** los aparatos funcionan con electricidad.

Diferentes tipos de centrales conectando subestaciones, casas y fábricas.

Pero ¿qué es la electricidad? Y ¿de dónde viene?

La electricidad es el movimiento a través de los cables de unas partículas especiales llamadas **electrones**. A mí me gusta imaginármela como agua pasando por una manguera.

La mayor parte de la electricidad viene de las centrales eléctricas. Casi todas ellas queman algún tipo de **combustible** para hacer hervir agua. El agua al hervir se convierte en vapor, que mueve las paletas de una turbina, haciéndola girar. La turbina mueve un rollo de alambre colocado entre dos imanes. Esto se llama generador,

y transforma la energía creada por el cable en **electricidad.**
A continuación, esta electricidad se manda a la red.

Los combustibles empleados en las centrales eléctricas
son el carbón y el gas. A estos se les llama **combustibles fósiles** porque se formaron hace millones de años.
Al quemar estos combustibles,
se manda **carbono** a la atmósfera.
Eso está **calentando
el planeta** hasta un punto
alarmante.

Gases de efecto
invernadero:
página 34

Afortunadamente, hay otras formas
de producir electricidad.

Actualmente, la cuarta parte
de la electricidad mundial proviene de energías
renovables. O sea, **del viento y del sol.**

Los PANELES SOLARES están hechos de celdas especiales que producen electricidad cuando les da la luz del sol. No tienen partes móviles y no necesitan combustibles. Yo tengo un panel solar en el techo de mi caravana y se queda ahí quieto todo el tiempo, calladito, produciendo electricidad.

El sol nos da **10 000 veces** más energía de la que usamos. Sin embargo, para que el mundo entero funcionara únicamente con energía solar, ¡necesitaríamos cubrir un área del tamaño de **Sudáfrica!** Y eso es mucho.

Mucha gente tiene en el tejado de su casa paneles solares que les dan electricidad. Y si producen electricidad de más, se la compra la red eléctrica, **¡y hasta les paga!**

Los colegios normalmente disponen de un tejado muy grande, así que ese sería un buen modo de conseguir dinero para el colegio y al mismo tiempo salvar el planeta.

Cómo convencer a tus padres de hacer algo diferente: página 186

La ENERGÍA EÓLICA (producida por el viento) es otra fuente renovable de electricidad. Cuando alguien necesita sacar un poco de viento del trasero, no tiene más que tirarse **pedos en una botella.** Cuando la botella está llena, puede encender los gases y usar el fuego para cocinar.

Bueno, vale. No es así...

No. En la energía eólica se usan enormes **aerogeneradores** para producir electricidad. El viento hace girar el eje de rotación que activa un generador dentro del aerogenerador. No utiliza combustible y no necesita vapor.

Por desgracia, los aerogeneradores cuestan mucho dinero. Y se **necesitan mejoras** para asegurarse de que no hacen daño a las aves ni a los murciélagos. Pero pueden proporcionar todo lo que necesitamos.

El problema es que **ni el viento ni el sol son siempre de fiar.** Cuando está oscuro, los paneles solares no producen nada de electricidad. Y los aerogeneradores solo la producen si hace viento.

A menudo no hace sol. La noche, sin ir más lejos, tiene fama de no contar con nada de luz solar. Y muchas veces tampoco hace viento.

Una posible respuesta es recurrir a **la energía nuclear...**

La ENERGÍA NUCLEAR usa materiales radiactivos que se extraen de la tierra. El calor que producen se utiliza para producir vapor, igual que en una central eléctrica. La energía nuclear no usa combustibles fósiles, y se puede producir continuamente, a un ritmo constante.

Pero el problema es que si va mal, va muy muy mal. Las centrales nucleares producen unos **residuos** increíblemente mortales que han de enterrarse a kilómetros de profundidad para que no nos conviertan

a todos en superhéroes mutantes de color verde. ¡Y esos residuos seguirán siendo mortales durante **10 000 años!**

Además, para construir una central nuclear se necesitan **toneladas y toneladas de hormigón** y se tarda al menos **6 años.** ¡Y nosotros necesitamos energía renovable ya!

Entonces, ¿cuál es la solución?

Por desgracia, de momento no hay solución.

La construcción:
página 114

La única manera de usar solo la solar y la eólica sería que la gente dejara de consumir electricidad cuando no hay sol.
Pero ¿no necesitamos mantener en funcionamiento nuestras neveras y congeladores?
Y ¿qué pasa con las máquinas que mantienen vivos a los enfermos en los hospitales?

¿QUÉ PODEMOS HACER AHORA?

Gelatina de papá (¡ni probarla!)

Podríamos buscar la manera de consumir menos electricidad.

¿Con qué frecuencia te dejas encendida la luz del dormitorio cuando vas al colegio? ¿O dejas la tele puesta cuando vas a merendar? **¡No gastes electricidad!**

Tal vez podríais **apagar las luces** una noche al mes después de cenar, y entreteneros unos a otros. Siempre es divertido contar historias por turno. Y también lo es ir sigilosamente por detrás de tu padre, cuando está todo a oscuras, y echarle **gelatina** por dentro de la camisa.

¿Qué demonios acaba de caerme por la camisa?

Calentarse y refrescarse

Mis hijos siempre parecen tener o mucho calor o mucho frío. Puede resultar **difícil** mantener tu cuerpo a una temperatura agradable. Estoy escribiendo la mayor parte de este libro durante el verano más cálido de la historia y me resulta **imposible concentrarme** en mitad del día. Puede que a ti te pase lo mismo en el cole.

Ahora, en todo el mundo, muchos lugares tienen aire acondicionado. Úsalo solo si es completamente **necesario.** O haz lo que hago yo: siéntate con los pies metidos en un cubo de agua fría.

En invierno, nuestra preocupación es mantenernos calientes. Y llega un momento en que tienes que empezar **a poner la calefacción.** Si tus padres se parecen a los míos, eso será un gran acontecimiento.

> ¡En estos momentos me dispongo a encender la calefacción!

En algún lugar de tu casa habrá una caldera con un racimo de tubos que distribuyen agua muy caliente hacia el resto de la casa, y eso mantiene calientes todos los rincones, normalmente mediante radiadores (que se ponen bastante calientes, así que además son un buen sitio para poner a secar las bragas).

Toda casa tiene al menos un radiador que no funciona bien, y una habitación que no consigues calentar. Esto suele pasar porque las ventanas no cierran bien, o porque el radiador está lleno de óxido, o porque algo terrible sucedió allí hace mucho tiempo.

> No he conseguido calentar esta habitación desde que tu hermano se tiró un pedo descomunal y sin querer se hizo caca en los pantalones. Fue justo donde ahora tienes la cabeza.

El váter: página 58

75

Muchas personas encienden fuego para calentar su hogar. También se puede poner un montón grande de **bosta de caballo** en descomposición bajo la cama. Al descomponerse, la bosta origina calor. Y moscas.

La manera de mantener el calor **más respetuosa** con el medio ambiente es, por supuesto, ponerte un jersey. Llevar un gorro puesto todo el tiempo también ayuda. Y si hace mucho frío, ¿por qué quedarse ahí? Ponte a la vez todo lo que tengas en el armario.

En el futuro, tal vez tengamos trajes con calefacción central incorporada. Podrías ajustar la temperatura con tu móvil y recargarlo enchufándote durante la noche.

Energía:
página 66

Ella es una científica del clima. Estudia cómo el cambio climático afecta al clima de los polos sur y norte, y realmente ha vivido en la **Antártida.** Y en su tiempo libre, ¡es boxeadora!

Durante quince años, Ella ha hecho **campaña** para que los gobiernos tomen medidas para **salvar el planeta.** Sale en la tele y en la radio, y estudia procedimientos para salvar el planeta. Además es vegana y no viaja en avión.

DRA. ELLA GILBERT

VIVE: La encontrarás a menudo en la Antártida. Dice que vivir allí es como vivir en otro planeta. Allí hace tanto frío que muy pocos seres pueden vivir fuera de la seguridad de la base.

FAMOSA POR: Ella es una científica del clima, activista y locutora. Ha hecho campaña por el clima durante más de quince años.

MÉRITO EXTRA: Por el día es una científica del clima, pero por la noche es boxeadora.

A Ella le preocupa que los gobiernos **no escuchen** a los científicos, pero espera que la gente joven pueda trabajar junta para arreglar las cosas. ¡Si todo lo demás falla, estoy seguro de que podrá usar sus guantes de boxeo para convencer a los gobiernos de que escuchen!

Caos climático

El calentamiento global no solo provoca que en todas partes haga algo más de calor. Está haciendo que el tiempo sea más **extremo e impredecible.**

Unas temperaturas **más altas** llevarán a que tengamos una atmósfera más caliente y húmeda. Toda esa agua extra en el aire no hace sino echar leña a la tormenta, provocando que los huracanes sean más largos, más potentes y más destructivos.

A medida que se derriten los cascotes polares, hay más agua en los océanos, lo que significa que sube el nivel de los mares. Eso hace más probables **las inundaciones.**

En las zonas en que hace más calor, son más probables las sequías. Una sequía es lo que sucede cuando llueve tan poco que los árboles y las plantas **no pueden sobrevivir.** Sin lluvia, los bosques y las dehesas también se vuelven más vulnerables a los incendios.

Cuando yo tenía tu edad, la única pregunta con respecto al clima que tenía que responder antes de salir hacia el colegio era: **¿necesito el chubasquero?**

Cuando tú tengas niños, podrías tener que darles consejos como:

- No olvides **la canoa.**

- Asegúrate de llevar **el traje ignífugo.**

- No ices la vela de **tu patinete eólico.**
  ¡El viento te puede mandar hasta Sudamérica!

Pero si eso sucede, ¿podrías traer unos aguacates a la vuelta?

Mi problema con los aguacates: página 210

Viajar: Página 100

Ropa

Todos llevamos ropa la mayor parte del tiempo. Se te permite andar desnudo en tu propia casa, pero los que van desnudos por una calle del centro tienden a recibir **miradas extrañas** y a ser arrestados.

La ropa se suele hacer de materiales como el algodón, la lana, el cuero y el plástico.

El **algodón** crece en los campos, como el trigo y el arroz.

La **lana** se obtiene esquilando a las ovejas.

El **cuero** se hace de la piel de las vacas.

El **plástico** se hace de petróleo.

Tú podrías estar pensando...

¡Un momento! Yo no tengo ropa de plástico.

¿Qué te crees que me pongo para ir al cole? ¿Un contenedor?

Bueno, volvamos a pensar. El plástico no siempre es duro y brillante como los juguetes. Se puede fabricar en telas que son suaves y esponjosas y te dan cosita cuando te tocan la piel. El nailon, el poliéster, el elastano y el acrílico proceden **del petróleo.**

Se necesita mucha energía para hacer ropa. Y agua. Enormes cantidades de agua. Unos vaqueros necesitan **8000 litros** de agua: es como tirar 800 veces de la cadena.

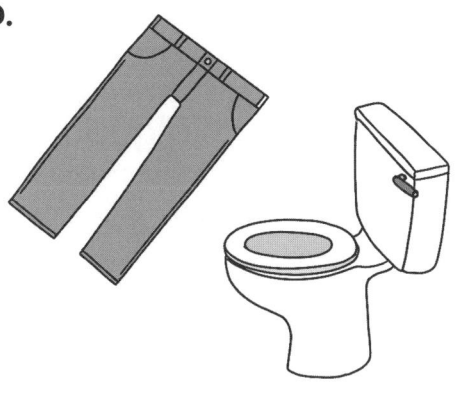

Hay muchas maneras de vestir más **respetuosamente** con el medio ambiente. He aquí algunas:

LLEVAR LA ROPA TODO EL TIEMPO QUE PUEDAS

La industria de la moda quiere que lleves la ropa una vez, la tires y te compres otra. No les hagas caso. **¡Son el mal!** Cómprate la mejor ropa que puedas permitirte, y llévala hasta que tenga agujeros. Después, hazte con un costurero y arréglala. O pídele a un adulto que te la arregle.

REPARA LA ROPA

Lo repetiré: cuando tu ropa tenga agujeros, **remiéndala.**
Si alguien te pregunta por qué tienen remiendos tus pantalones,
le dices: «Estoy salvando el planeta. Y tú, ¿qué haces?».

COMPRA TELAS NATURALES

Esto tiene su aquel, porque la ropa
de plástico es mucho más barata.
Pero, si puedes, convence a tus padres
de que compren **algodón y bambú.**
También se necesita mucha agua
para hacerlos, pero algo tienes
que ponerte.

COMPRA DE SEGUNDA MANO

Hay algunas tiendas de segunda mano
estupendas y para una ocasión especial
hay tiendas donde puedes alquilar ropa
y después devolverla. La ropa de segunda
mano es mucho **más barata.**
Y con ella puedes ir vestido distinto
a los demás. Yo salgo muchas veces
llevando un vestido de novia y aletas
en los pies. Pídeles a tus padres
que te lleven a esas tiendas.

Mi debilidad es la ropa para correr. La mayor parte de la ropa deportiva está hecha de plástico. Yo llevo las prendas hasta que se caen a trozos. Incluso entonces, **las hago durar** un poco más entrenando hámsteres para que sujeten los pedazos de mis pantalones mientras corro.

¿Qué vas a hacer **tú?**

Plástico:
página 88

No seas tan
tiquismiquis:
página 208

Tierra

Sucia y embarrada. Así es la tierra, ¿verdad? Te mancha la ropa cuando juegas en el jardín. Se te llenan las rodillas de ella cuando te caes. Y se te pega a la cara si te arrastras por el suelo del bosque haciendo como que eres una especie de **gusano gigante.**

Pero la tierra es **increíblemente importante.** Es la materia en que crecen las plantas y los árboles. Sin ella, no tendríamos nada que comer.

Canciones de gusanos sobre gusanos: página 150

la tierra no es solo suciedad. Es un organismo vivo increíblemente complejo. En cierto modo, la tierra **es como la piel** del planeta Tierra. Parece como si no estuviera haciendo nada importante, pero en realidad lo hace todo. Si coges una cucharada de tierra, resulta que contiene unos **mil millones** de seres individuales. La mayoría de ellos ni siquiera tienen nombre todavía.

Uno de los mayores problemas que pueden tener los agricultores y granjeros es cuando desaparece su tierra. Los campos agrícolas a menudo quedan sin nada durante gran parte del año, y cuando llueve, la lluvia se lleva una parte del fértil mantillo. **El mantillo** es la buena tierra que recubre la Tierra. Es la parte en que crecen las plantas. Sin mantillo, lo único que queda es piedra y barro.

Tú puedes ser Duncan. Y tú puedes ser Vanesa.

Durante los últimos 150 años, hemos perdido la mitad del mantillo del mundo. Los expertos calculan que en otros 60 años podríamos **agotarlo** completamente. Se habrá ido a los ríos y por ellos al mar. Y esto sería muy mala cosa porque cultivamos alrededor del **95 %** de nuestra comida en ese mantillo.

Hay muchas maneras de cultivar la tierra sin perderla. Algunas de ellas incluso **producen** tierra. Por eso yo estoy tratando de hacer mi propio **bosque de comida** en Essex. La manera en que planto y cultivo hace que haya muy poca tierra al aire, así que la lluvia no se va a llevar nada. Además, las hojas de los árboles y arbustos caen al suelo y (con la ayuda de los gusanos y otros bichos diminutos que viven ahí) poco a poco se convierten en tierra.

Los agricultores pueden usar cultivos de cobertura, abono verde y otras técnicas para cuidar su suelo. **El abono verde** es una caquita verde muy rara producida por gusanos. Es recogido por niños de dedos ágiles en tierras muy lejanas y mandado a los agricultores atado a las patas de palomas mensajeras.

Si quieres hacer tu propia tierra, puedes hacerlo preparando **un acolchado con cartones** en tu jardín.

Acolchado fácil con cartones: página 140

Plástico

El plástico es un invento increíble. Se puede doblar y darle la forma que queramos. Se puede usar para guardar líquidos sin que gotee. Es fácil de limpiar y barato de fabricar. Y además **dura mucho...**

Mucho, muchísimo tiempo...

Como... **1000 años.**

El plástico se degrada, pero muy despacio. Y al hacerlo, desprende gases horribles como metano y etinol. Además, se descompone en **microplásticos,** que son versiones diminutas de plástico. De hecho, son tan diminutas que penetran en nuestra agua, en los peces que comemos y en nosotros mismos.

Puaj... Otra vez plástico para cenar.

Se han encontrado microplásticos incluso en la leche materna.

La mayoría de los plásticos que producimos y tiramos son envoltorios de comida y otras cosas. Pero, afortunadamente, tenemos una solución para esto. Es perfectamente posible hacer envases y envoltorios de otras cosas, como maíz y patatas. El problema es que, naturalmente, necesitaríamos más tierra para cultivar estas cosas.

Entonces, ¿qué podemos hacer?

Bueno, lo más evidente es **dejar de comprar** productos que vengan envueltos en plástico. Pero resulta muy difícil, porque todas las cosas ricas vienen muy envueltos. ¿Podríamos rebajar un poco ese plástico? Si todos nos negamos a comprar esas cosas, al final, las tiendas tendrán que dejar de envolverlas en plástico. Si ves en la comida plásticos innecesarios, coméntaselo al encargado.

En mi supermercado, puedo comprar una bolsa de zanahorias, o puedo comprar las zanahorias sueltas.

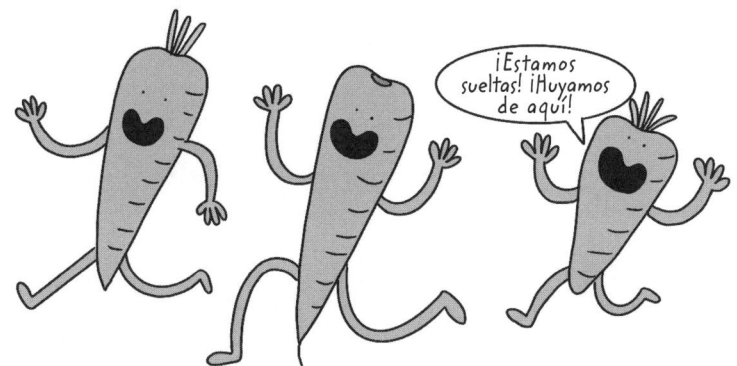

¡Estamos sueltas! ¡Huyamos de aquí!

Las zanahorias no necesitan ir en una bolsa. De hecho, la bolsa las pone marrones y mohosas. Así que es **mejor para todos** comprarlas sueltas.

Mi carnicero local acaba de dejar de usar plástico. Ahora lo envuelve todo en papel. Es perfecto para guardar las cosas en la nevera.

Muchos juguetes son de plástico. Si los quieres de verdad, **asegúrate de cuidarlos** y de dárselos a otro niño cuando ya no juegues con ellos.

Y no todo está envuelto en plástico. Observa con cuidado lo que compres.

Ropa: página 80

¿Cuántos planetas Tierra estás usando?: página 162

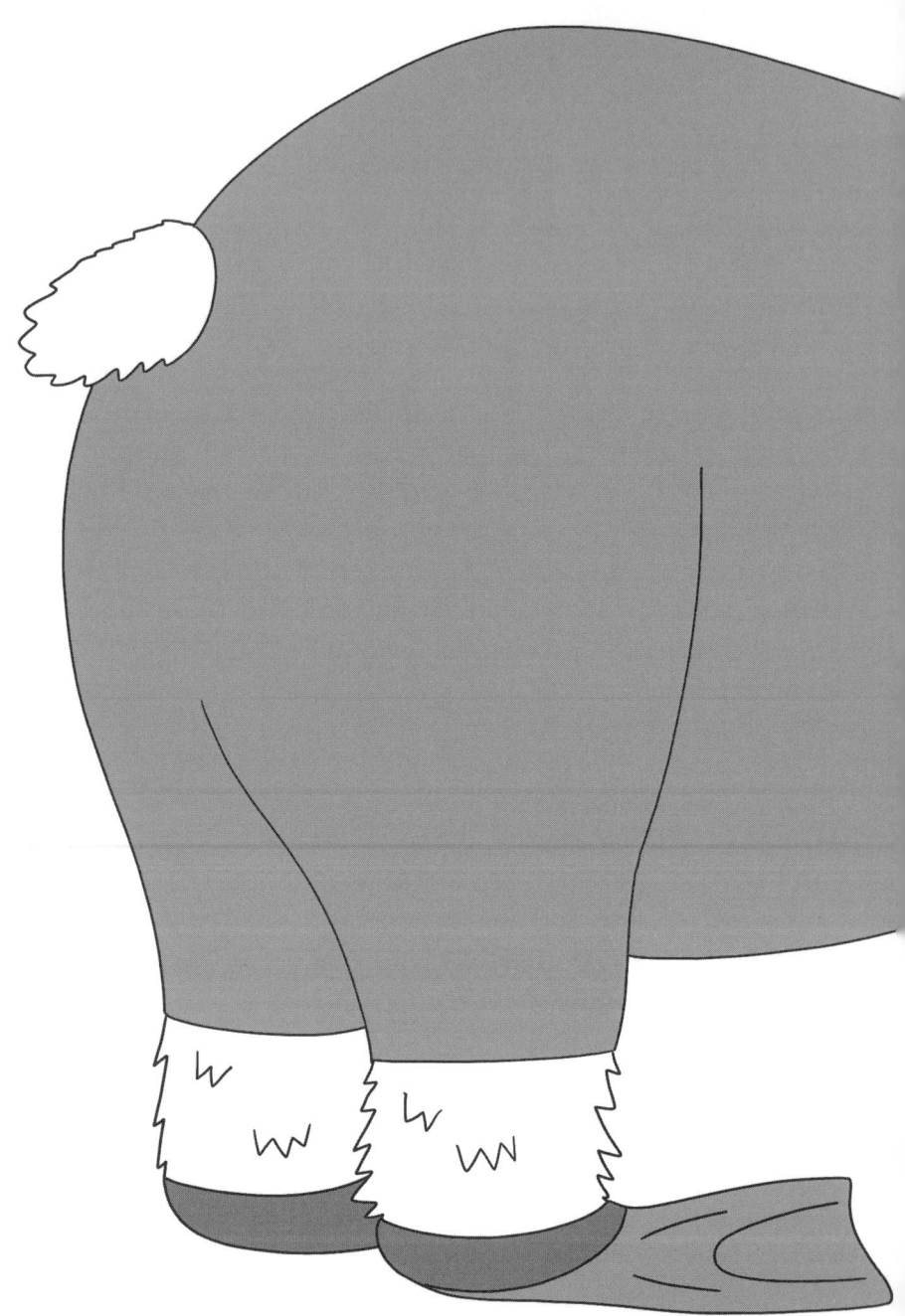

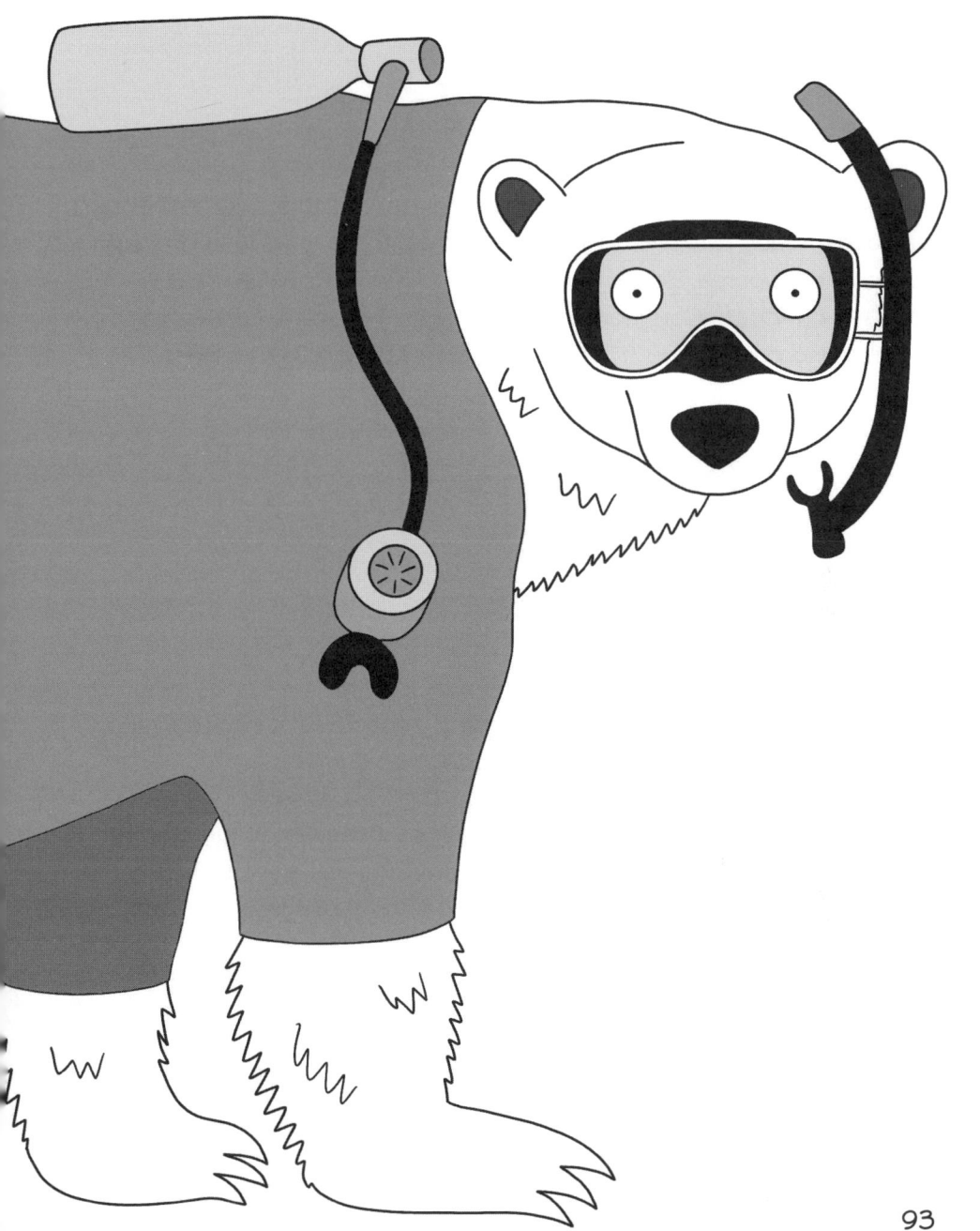

Comida

La comida es muy importante. Nos proporciona a todos **la energía** que necesitamos para hacer cosas y para pensar, y toda la proteína para crecer fuertes. La mayor parte de la gente **come tres veces al día.** ¡Con picoteo entre horas! No sé tú, pero si yo me salto una comida, las tripas me rugen y no doy pie con bola.

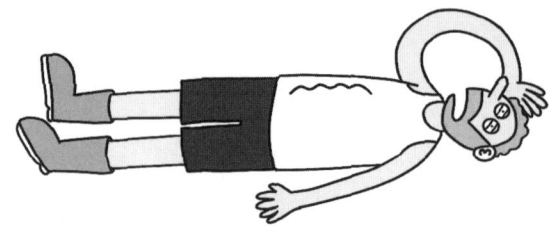

Para que todas las personas del planeta sean felices, necesitamos comida suficiente para que **todos** podamos comer.

Pero la comida no crece así como así en los árboles (aunque parte de ella sí lo hace). Normalmente, la comida tiene que ser cultivada por humanos y elaborada en fábricas, cocinas y ese tipo de sitios...

Y, por desgracia, producir tanta comida tiene **un efecto negativo** en el medio ambiente.

Echemos un vistazo a la bolsa del almuerzo de mi hija. Más que nada, lo que contiene son dulces y unos trozos raros de pollo que vienen en un paquete.

Según lo que dice el paquete, las galletas contienen harina, huevos, azúcar y diversos **productos químicos** de nombre aterrador.

La **harina** procede del trigo, que crece en los campos. Los **huevos** vienen de las gallinas. El **azúcar,** de la remolacha azucarera, que también crece en los campos. No sé de dónde vienen los productos químicos.

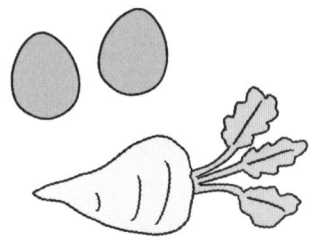

Esto no suena tan mal, ¿a que no? **Pero pensemos un poco más.**

En primer lugar, el trigo y la remolacha azucarera crecen usando muchísima agua, y seguramente unos fertilizantes asquerosos para proteger la planta. También es probable que crezcan muy lejos. Piensa en todo el carbono que se produce trayéndolos hasta aquí.

Los huevos, por supuesto, vienen de las gallinas, pero como el paquete no dice «sueltas», eso significa que los huevos provienen de **gallinas que viven en jaulas en batería.** Y en esas jaulas están tan apretujadas que pierden la capacidad de caminar y se les caen las plumas.

Tanta **chunguez** por un dulce.

95

La producción de alimentos, en sus distintas maneras, tiene un impacto enorme en el medio ambiente.

El **37 %** de todos los gases de efecto invernadero se emite en la producción de alimentos.

El **60 %** de todos los animales del mundo son animales de granja.

El **50 %** de la tierra cultivable del mundo se usa para la agricultura y la ganadería.

No hace tanto tiempo que la mayoría de la gente comía cosas que habían cultivado y cuidado ellos mismos. Incluso aquellos que vivían en ciudades sabían que lo que comían venía de los campos de alrededor. No de miles de kilómetros de distancia.

¿QUÉ PUEDES HACER TÚ?

Es difícil ser niño. Seguramente, ni siquiera tienes dinero para comprar comida. Lo único que puedes hacer es convencer a tus padres de que te cuidan de que sean **más sostenibles** con la comida que compran para la familia.

Lo más importante que puedes hacer, sin embargo, es ser **menos tiquismiquis.**

Cómo convencer a tus padres de hacer algo diferente: página 186

Los niños siempre hacen muchas preguntas antes de comerse algo.

YO: He hecho un cuscús de verduras.

NIÑA: ¿Qué es un cuscús de verduras?

YO: Es cuscús. Con verduras.

NIÑA: ¿Qué es cuscús?

YO: No lo sé. Nadie lo sabe.
Tampoco importa. Solo cómetelo.

NIÑA: ¿Por qué se repite el nombre?

YO: ¿Qué?

NIÑA: ¿Por qué se repite el nombre?
¿Por qué se llama «cus-cús»?
¿Por qué no se llama solo «cus»? Mmm...
¿Qué voy a tomar con el cuscús?
¿«Verduras verduras»?

YO: Tú limítate a comerte el cuscús,
¿quieres?

Tienes que tomar **cinco veces** una comida nueva antes de acostumbrarte a ella. Después, un día, tu cerebro decidirá que está riquísima.

Es un poco como lo mío con los aguacates.

Mi problema con los aguacates: página 210

Así que intenta ser menos tiquismiquis. Nadie te va a preparar comida envenenada. A menos que estés en casa de mi madre. Ahí sí que tienes que andarte con cuidado.

La otra cosa que debes hacer es elegir con sensatez tu comida en el colegio. Intenta comer menos carne. Si puedes, elige la opción **vegetariana o vegana.**

Veganismo: página 196

También podrías intentar **cultivar** una pequeña parte de tu propia comida. Si tenéis jardín, pregunta a ver si te dejan un cachito para plantar unas verduras.

Aunque vivas en un piso, puedes cultivar alguna cosa en macetas, en el **balcón,** o en el **alféizar.** O podrías solicitar una de esas **parcelitas** que cede el ayuntamiento. O podrías hacerte un **sombrero especial** con un pequeño huerto, e ir andando por ahí mientras cultivas las verduras en tu cabeza. ¡Imagínate recolectar fresas de la frente!

En el futuro, algunos de nosotros podríamos comer **insectos** o alguna **extraña comida espacial.** Dicen que comer insectos es mejor para el medio ambiente que comer vacas.

Y ahora hay laboratorios que pueden producir un extraño tipo de proteína que es como carne.

O podríamos vivir en la Luna y tener enormes invernaderos en forma de cúpula, llenos de hortalizas.

Pase lo que pase, tendremos que **cultivar mucha más comida propia,** y ser menos tiquismiquis con lo que comemos.

No seas tan tiquismiquis: página 208

Cultivar o recoger: página 216

Viajar

A todos nos gusta movernos.

Muchas veces, los lugares a los que queremos ir se encuentran muy apartados de donde estamos en ese momento.

No me gusta estar aquí. Quiero estar en otra parte.

Yo quiero ir a la costa.

Yo quiero ir al cine.

Yo quiero ir a la Luna.

Yo quiero estar muy lejos de ti.

Así que necesitamos algún tipo de **transporte** para ir allí.

El problema de esto es que la mayoría del transporte motorizado emplea **combustibles fósiles,** y estos desprenden carbono.

Hace un par de meses hice una encuesta entre mil niños de colegios de Warwickshire, preguntándoles cómo iban al colegio. Estos fueron los resultados:

En coche
38 %

Caminando
15 %

En autobús
3 %

En bicicleta
5 %

En patinete
4 %

En burro
2 %

En catapulta
2 %

En tren
1 %

Tumbado y arrastrándome por la acera como un gusano gigante mientras canto canciones de gusanos sobre gusanos
7 %

Canciones de gusanos sobre gusanos: página 150

A muchos niños los llevan al cole en coche, muchas veces porque viven **demasiado lejos** para ir caminando, o porque sus padres se preocupan por su seguridad. Pero tanto coche produce muchísimos **gases de efecto invernadero.** De hecho, el 75 % del dióxido de carbono que produce el transporte procede de los distintos vehículos que hay en las carreteras.

¿Tal vez los **coches eléctricos** serán la solución? Los coches eléctricos están muy bien porque no contaminan ni queman combustibles fósiles. Pero ¿de dónde viene la electricidad? Normalmente del gas, del carbón o de las centrales nucleares.

¿Y qué pasa con otros viajes? ¿Cómo te vas, por ejemplo, a Francia? ¿En coche? ¿En tren?

¿O te vas **volando?**

No sé si esto es una buena idea.

Francia

¡Por desgracia, los aviones son **una idea muy mala!** Yo antes viajaba continuamente en avión por motivos de trabajo. Y me sentía muy importante pasando tanto tiempo en el cielo. Debo de ser responsable del carbono que hay en el aire. Actualmente me niego completamente a volar. No voy a volver a coger un avión hasta que inventen los eléctricos. ¡Entonces iré a **todas partes!**

Pero puedes pasar las vacaciones en Europa sin coger el avión. El **tren** va a todas partes y es mucho más divertido.

Incluso puedes coger un **barco** de un lado del mar al otro. Yo vivo en el Reino Unido, y nos costaría cinco semanas llegar en barco a Australia. Si quisiéramos pasar allí las vacaciones de verano, cuando fuéramos a mitad del viaje nos trendríamos que volver para no perdernos el comienzo de curso.

Mamá, ¿quién es ese tipo viejo?

Creo que hace tiempo escribió un libro sobre nosotros.

¿QUÉ PUEDES HACER TÚ?

Bueno, usa estos medios de transporte todo lo que puedas: **los pies, la bici, el tren, el autobús, el tranvía y el carro conducido por supertortugas.**

Piensa en **lo sano y fuerte** que te encontrarías si fueras al cole todos los días caminando o en bici. Llegarías al cole sintiéndote **listo para aprender.**

Si eso no es posible, a lo mejor puedes **compartir el vehículo** con otra familia cercana.

Me pregunto qué tipos de transporte sostenible existirán en el futuro. Soy un gran defensor de usar **catapultas gigantes** para lanzar a los niños de casa al cole y del cole a casa. También pienso que los **patinetes** y las **bicicletas eléctricas** pueden ser buena idea.

Se está investigando mucho sobre el aire comprimido, así que quizá podrías ir al cole con un par de alas de cartón, con un **globo a la espalda** pegado con cintas.

En el futuro, espero que el transporte público sea mejor y **más interesante.** Imagina que los trenes tuvieran cosas variadas en los distintos vagones. Además de asientos, podría haber un vagón de videojuegos y otro con una larga piscina. De ese modo, no sería problema viajar de una punta a otra del país, porque tendrías multitud de diversiones por el camino.

Cómo convencer a tus padres de hacer algo diferente: página 186

¿Qué podemos hacer nosotros?: página 152

Agua

Todos necesitamos agua. Sin agua no se pueden cultivar alimentos, no se puede lavar nada y no tendrías **nada** que beber.
El 70 % de tu cuerpo es agua. Y si no bebes agua suficiente, te pones malo. O te mueres.

Cómo me hizo beber agua mi madre: página 132

Otros datos relacionados con el agua:

El 70 % del planeta Tierra está cubierto de agua. Pero la mayor parte es salada.

El 40 % de la gente del mundo tiene problemas de falta de agua.

El 11 % de la gente no tiene agua limpia para beber.

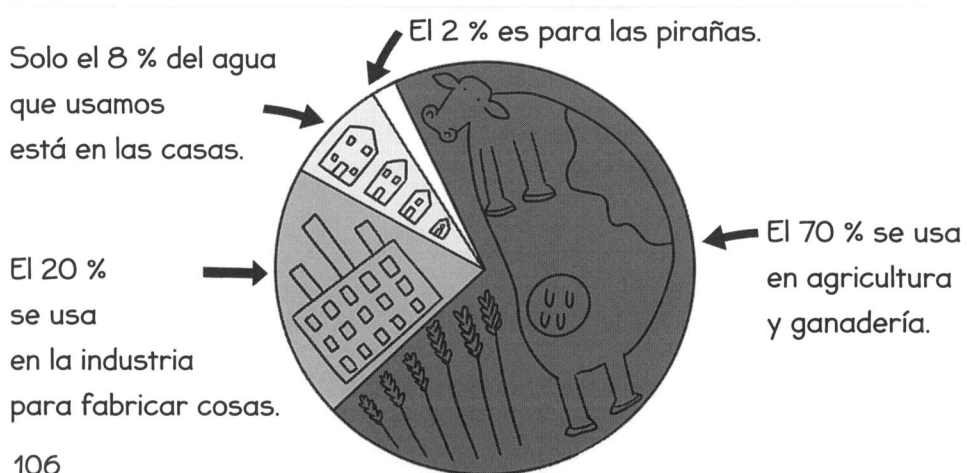

El 2 % es para las pirañas.

Solo el 8 % del agua que usamos está en las casas.

El 20 % se usa en la industria para fabricar cosas.

El 70 % se usa en agricultura y ganadería.

El 2 % que queda lo usan los malos de las pelis para guardar las pirañas.

Los humanos usamos mucha agua. Y esta agua pertenece a **dos categorías:**

agua que vemos

y

agua que no vemos.

Empecemos con el agua que vemos.

EL AGUA QUE VEMOS

Es el agua que usamos para lavarnos los dientes, para darnos un baño, para regar las plantas y para hacer pringosos zumos de naranja. Normalmente **no nos damos cuenta** de cuánta agua usamos.

Cuando hace mucho sol y calor, a menudo los pantanos se quedan casi sin agua, y existe el peligro de que se vacíen del todo. Muchas personas intentan **reducir** la cantidad de agua que usan. Mi madre usa el agua que sobra de fregar para regar las plantas. Y cuando se da un baño, echa el agua sucia de la bañera en el compost.

Eso son **grandes ideas,** pero también tenemos que pensar en el agua que usamos y que no vemos...

AGUA QUE NO VEMOS

No sé qué es lo que estoy buscando.

Recogiendo agua: página 113

Se necesita agua para hacer
todas las cosas que usamos.
Ya sea porque tenemos que cultivarlas, como las plantas,
o porque se utiliza agua en el proceso de fabricación.
Cualquier cosa que esté hecha de plástico o que tenga que ver
con el petróleo necesita enormes cantidades de agua.

Aquí tienes **algunos ejemplos** de toda el agua que necesitamos para algunas cosas. He medido cada cosa en litros, pero después me he dado cuenta de que nos cuesta comprender las grandes cantidades en litros.

Así que lo he calculado todo en términos de una unidad nueva que me he inventado yo y que se llama **año-baño.** Una bañera contiene unos 135 litros de agua, y muchos niños toman tres baños y pico a la semana. Así pues, un año-baño es la cantidad de agua que usamos para bañarnos en un año, o sea, **22 500 litros.**

Por ejemplo, para fabricar un coche se necesitan **180 000 litros de agua,** que son **ocho año-baños.** Si resulta que tú tienes ocho años, es el agua que has usado para bañarte a lo largo de toda tu vida.

Estoy tan arrugado...

Solo hay una cantidad fija de agua en el mundo. Así que, si cada vez viven en él **más personas,** al final tendremos problemas.

Mucha gente ha tenido que cambiar de casa ya porque no tenía bastante agua.

Coche normal
180 000 litros
8 año-baños

Móvil inteligente
15 000 litros
9 meses-baños

Comedero del perro
900 litros
2 semana-baños

Unos vaqueros
9000 litros
5 meses-baños

Taza de café
165 litros
1 baño

Barrita de chocolate
2000 litros
10 día-baños

Huevo de gallina
250 litros
2 día-baños

Hormigón usado en el í Khalifa
300 000 millones de litros
13 millones de año-baños

La construcción:
página 114

Viajar:
página 100

¿QUÉ PUEDES HACER TÚ?

Bueno, lo más importante que puedes hacer es **comprar menos cosas.**

También puedes **tener cuidado** con el agua que gastas. Cierra el grifo mientras te lavas los dientes, y no tires demasiado de la cadena.

Además, puedes **recoger** agua.

¿El tejado de tu casa tiene canalones? ¿Por qué no les sugieres a tus padres poner un cubo y recoger agua de lluvia para regar el jardín o las macetas?

Tengo agua, pero...

Pero ¿qué?

Recogiendo agua

Por cierto, **«cubo»** puede resultar **una palabra muy graciosa** para describir esos bidones de plástico que tienen un grifo en la base. Una cosa que me encanta es ir a un vivero y decir:

> Perdone, llevo un rato mirando su cubo, pero a mí me gustan los cubos más grandes. ¿No podría ver más cubos?

También puedes adquirir un filtro especial para el agua de lluvia que la convierta en **perfecta** para beber. Pero antes cómprate un libro sobre la recogida del agua. No quiero ser responsable de que te entre una cagalera a causa del agua.

De entrada, me da miedo que vengan tus padres y me den una patada en el cubo.

La construcción

Construir cosas tiene un gran impacto en el medio ambiente.

Hay edificios por **todas partes.** Es muy probable que te encuentres en uno ahora mismo. Algunos están hechos de ladrillos. Otros están hechos de madera, de metal, de cristal, de gelatina y de mocos de delfín. Pero hoy día la mayoría de los edificios contienen **hormigón.**

Por ejemplo, el Burj Khalifa de Dubái (que es el edificio más alto del mundo) utilizó **800 millones de toneladas** de hormigón. Es lo mismo que pesan **5500 millones de *cocker spaniels*.** Imagínate lo que sería sacarlos a que hagan pis y caca.

Pues bien, ¿qué es el hormigón y cómo se hace?

El principal ingrediente del hormigón es el cemento, que se hace derritiendo rocas a unos **1500 °C.** Para conseguir esa temperatura se necesita mucho combustible fósil. No se puede hacer cemento usando paneles solares.

La fabricación de cemento provoca el **8 %** de todos los gases de efecto invernadero.

También se necesita muchísima agua.

En pocas palabras: **el hormigón no es sostenible.**

Y, como hay tanta gente en nuestro planeta, no paramos de construir edificios.

Por ahí

Ⓢi queremos salvar el planeta, ¿podemos emplear **otro modo de construcción?**

Ⓟues sí! Se pueden utilizar materiales casi tan buenos como el hormigón, por ejemplo, cal y cañizo o partes deshechas de edificios demolidos. También con madera, balas de paja e incluso barro. La mayoría de esos materiales requieren más tiempo de construcción, **pero son posibles.**

Earthships:
página 204

El adobe

Mi material de construcción **favorito** es el adobe. Se coge arcilla, paja, arena y agua, y se mezcla todo para formar ladrillos. Tarda en secarse, pero puede hacerlo cualquiera. Muchas casas antiguas de los pueblos estaban hechas de adobe, y ahora se está volviendo a poner de moda.

¡Algunos edificios de adobe se hicieron hace 5000 años! Las réplicas de esos edificios muestran que, aunque haga 37 grados fuera, el interior de la casa permanece **fresco y agradable.**

¡No puedo derribarla soplando! Esos muros tienen un metro de grosor.

Así que quizá no necesitemos tecnología nueva para construir mejores casas. Solo necesitamos procedimientos **tradicionales.** ¡Imagínate si te pudieras hacer tu propia casa de barro! No olvides poner un tejado adecuado, o si no desaparecerá la cocina cada vez que llueva.

Diseño: página 118

Héroes salvaplanetas. Buckminster Fuller: página 182

Diseño

Una de las cosas que a los humanos se nos dan realmente bien es **diseñar chismes**. Somos excelentes sacando un bolígrafo y un papel y dibujando cosas que aún no existen. Pensamos en cómo podría ser algo y averiguamos **cómo crearlo.**

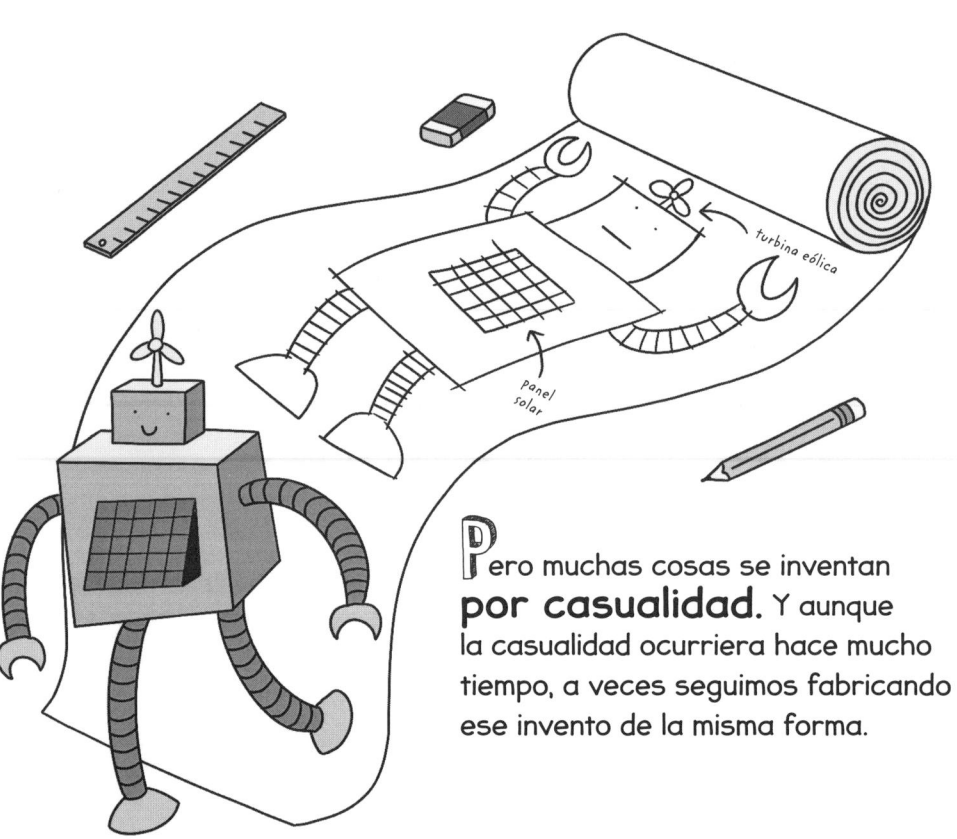

turbina eólica

panel solar

Pero muchas cosas se inventan **por casualidad.** Y aunque la casualidad ocurriera hace mucho tiempo, a veces seguimos fabricando ese invento de la misma forma.

Un diseñador e ingeniero llamado **Buckminster Fuller** dijo que muchas cosas son como la tapa de un piano de cola. Imagínate que estás en un crucero que choca contra un iceberg. El barco se hunde y todo el mundo tiene que saltar al agua. Tú encuentras la tapa de un piano, que flota realmente bien. Te subes encima y la usas como balsa. La tapa del piano te salva la vida.

Héroes salvaplanetas.
Buckminster Fuller:
página 182

Eso no significa, sin embargo, que a partir de ahora todos los salvavidas deban tener forma de tapa de piano.

Tal vez tenemos que **repensar** algunas cosas. Tal vez lo que se te ocurra a ti podría ser **la solución que necesitamos.**

¿Por qué son rectangulares las casas? ¿No pueden ser redondas o triangulares?

¿Todo el mundo debe tener teléfono?

¿Es buena idea viajar en avión?

¿Tenemos que comer pavo en Navidad?

Pescado

Imagínate por un momento que nos quedáramos sin peces. Me refiero a que se acabaran por completo. No puedes volver a comer medallones de merluza ni croquetas de bacalao. Ni pastel de pescado. No queda ni un triste y solitario dedo de pescado pegado a la pared del fondo del congelador. Nada de pescado por ninguna parte, **nunca más.**

Ver *Buscando a Nemo* será como ver una peli de dinosaurios. Así de extinguidos estarán los peces en nuestro escenario.

Me temo que no es un escenario imposible. Mientras escribo esto, un tercio de los caladeros del mundo están **sobreexplotados.** Eso quiere decir que en esos sitios se pescan demasiados peces, demasiado rápido para que ellos se puedan recuperar. Con el tiempo, los peces se encuentran en peligro. Y después, **desaparecen.**

Eso sucede, principalmente, a causa de **la pesca con redes de arrastre.** Unos barcos pesqueros enormes arrastran por todo el lecho marino unas redes gigantescas, atrapando todo tipo de criatura marina. Es una manera industrial de pescar.

Los que pescan con redes de arrastre saben el daño que provocan. Pero no hacen caso porque ganan mucho dinero.

Las personas que están en los gobiernos de todo el mundo también conocen el daño que causa la pesca excesiva. Algunos hacen leyes para detenerla, pero muchos siguen dando dinero (llamado «subsidios») a las industrias que arruinan nuestras aguas.

Ahora ya lo sabes,
pero ¿puedes hacer algo?

- Podrías dejar de comer pescado.

- Podrías escribir quejándote.

- Podrías hacer una exposición ante la clase, y pedir a tus compañeros que dejen de comer pescado.

- Podrías seguir como siempre, haciendo como si no pasara nada.

- Podrías convocar a Poseidón, dios de los mares, y pedirle que lo solucione.

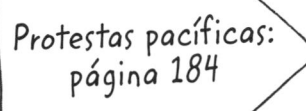

Protestas pacíficas: página 184

121

Deforestación

En el mundo hay **muchos tipos de bosques:**
bosques húmedos, bosques secos, bosques tropicales, bosques
antiguos, selvas, bosques montañosos, bosques nubosos, bosques
de chocolate... y los bosques en los que nacen los bebés arcoíris,
desde los cuales emprenden sus viajes por el mundo.

Lo más importante de los bosques es que están **llenos de
árboles.** De millones de árboles. A todo el mundo le gustan los
árboles, pero ¿qué tienen de especial a la hora de salvar el planeta?

Bueno, los árboles son unos **almacenes de carbono**
alucinantes. Mucho mejores que la ridícula máquina de Espiralidosa
para succionar el carbono de la atmósfera y convertirlo en piezas
de Lego®. Los árboles extraen el dióxido de carbono del aire
que los rodea a través de unos diminutos orificios que tienen
en las hojas. Además, mandan oxígeno
al aire para que los animales como nosotros
podamos respirar. Los árboles utilizan
el carbono como ladrillos para crecer.
Construyen sus ramas y troncos a base
de carbono, al igual que sus subterráneas
raíces, que normalmente son incluso
más grandes que las partes del árbol
que se pueden ver.

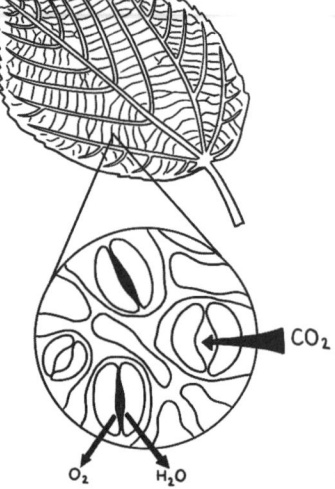

CO_2

O_2 H_2O

El bosque ayuda a nuestro planeta **a equilibrar** la temperatura. Cuando hace demasiado calor, los bosques toman más carbono del aire y reducen el efecto invernadero.

Por desgracia, como la actividad humana ha cambiado tan aprisa el clima, la Tierra no ha podido incrementar a la misma velocidad la cantidad de bosques.

Máquinas del clima de Espiralidosa: página 156

Gases de efecto invernadero: página 34

Además de eso, por supuesto, los humanos hemos estado **talando bosques** a toda prisa. Cuanto más lo hacemos, menos dióxido de carbono pueden extraer los árboles de la atmósfera, y **más caluroso** se vuelve todo.

Puntos de inflexión: página 42

Los bosques viejos almacenan más carbono que los nuevos. **Mucho más.**

Muchas veces, los gobiernos y las grandes empresas talan bosques y dicen que los reemplazarán plantando bosques en otra parte. El problema es que, si se tala un bosque de **quinientos años de antigüedad,** de poco sirve plantar otro en otro sitio, porque los bosques tienen que crecer y desarrollarse.

Cada año una media de **100 000 kilómetros cuadrados** de bosque son talados o incendiados. Eso es más o menos cinco veces el tamaño de Gales. Y esto sucede en todo el mundo. ¿Por qué?

Gales

La razón principal es que los agricultores talan bosques **para poder cultivar soja** con la que alimentar a las vacas que nos proporcionan hamburguesas.

Comida:
página 94

¿Cómo puede
el veganismo
salvar el planeta?:
página 197

Deforestación:
página 122

Héroes salvaplanetas.
Sir David Attenborough:
página 172

¿QUÉ PUEDES HACER TÚ?

¡**Deja de comer hamburguesas!** Y espaguetis a la boloñesa. Es más: deja de comer carne. Las hamburguesas vegetales están riquísimas, **y la pasta está estupenda** con guisantes en vez de carne picada.

¿Qué es una ecoaldea?

Una ecoaldea es un grupo de casas que ha sido especialmente diseñado para ser **respetuoso con el medio ambiente.** Normalmente, las personas que viven en ella trabajan juntas en un bonito **vínculo con la naturaleza.**

¡He dicho un bonito vínculo, no vínculo con un bonito!

Las personas que viven y crean en estos lugares esperan encontrar **mejores** formas de vivir para **salvar el planeta.**
La mayoría de las ecoaldeas son hospitalarias con los visitantes. Es estupendo ver lo que se puede hacer. Quizá deberíamos pensar en ellas como en experimentos de los que todos podemos aprender.

¿Por qué no te enteras de si hay alguna ecoaldea cerca de donde vives?
Ve a echarle un vistazo por si hay algo allí que **te inspire** a cambiar tu estilo de vida.

Permacultura: página 194

Héroes salvaplanetas. Morag Gamble: página 57

Las comunidades en transición comenzaron en los primeros años del milenio, y quieren preparar el mundo para **un futuro** en que el petróleo se haya agotado o sea demasiado caro para comprar más.

Una de las formas en que las comunidades hacen esto es llegando a ser cada vez más **autosuficientes**, que es por lo que Hilary y sus amigos plantan muchos árboles frutales.

HILARY WHYARD
Y AMIGOS DE LAS COMUNIDADES EN TRANSICIÓN

VIVE: Hilary es mi vecina y amiga. La conocí en el grupo local de Comunidad en transición.

FAMOSA POR: Extender el mensaje de las Comunidades en transición. Recientemente han echado semillas para cultivar frutales en pequeños rincones y orillas de diversas urbanizaciones.

MÉRITO EXTRA: Hilary ha vivido en los Pirineos desconectada de la red eléctrica. Allí se duchaba al aire libre en invierno y vivía en una caravana como la mía.

Su consejo para ser positivo es concentrarse en el paso siguiente. Si te abruman todos los problemas generales, concéntrate en **lo que puedes hacer ahora mismo.** Y hazlo.

Lo que me preocupa a mí y lo que hago al respecto: página 26

¿Qué podemos hacer nosotros?: página 152

127

Pensamiento diverso

Del mismo modo que necesitamos distintos tipos de plantas y animales para crear ecosistemas resistentes, también somos mucho más fuertes como civilización si tenemos **una diversidad de personas.**

Especialmente en lo que se refiere **a pensar.**

El cambio climático ocurre porque demasiada gente ha hecho cosas equivocadas durante demasiado tiempo: tirar toneladas de basura plástica, alimentarse con miles de millones de vacas que se tiran pedines de metano, cocer la Tierra con combustibles fósiles y mucho mucho más. Necesitamos cambiar nuestro comportamiento y pensar en **nuevas maneras** de vivir si queremos salir de este estropicio.

Tienes que despertarte y salir de la caja.

Pero estoy tan cómoda aquí...

Casi todo héroe salvaplanetas es alguien que **ha pensado de manera distinta y ha empezado a hacer algo diferente.** Son personas con historias distintas, habilidades distintas y soluciones creativas distintas a la crisis del clima.

¿Qué es la crisis del clima?: página 30

Piensa, por ejemplo, en Greta Thunberg. Cuando empezó su huelga escolar, era muy pequeña. Además, es autista, tiene un trastorno obsesivo compulsivo, y mutismo selectivo. No era la típica persona capaz de hablar en público sobre la crisis climática, pero se dio cuenta de que era una amenaza para su futuro y de que no se estaba haciendo suficiente al respecto. Así que empezó a protestar y hacerse oír.

Greta es **neurodiversa.** Eso significa que piensa distinto a las personas neurotípicas. La mayoría de las personas son neurotípicas, o sea, que tienden a pensar de manera parecida.

Si se mide cómo piensa todo el mundo y se refleja el resultado en una gráfica, se obtiene una curva de campana:

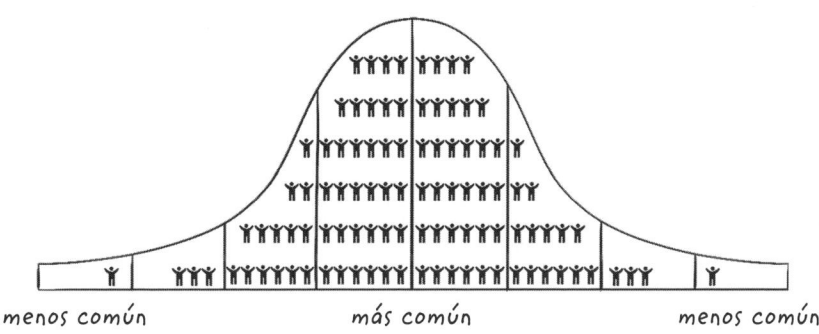

menos común   más común   menos común

La mayor parte de la gente se encuentra por la zona del medio, pues sus patrones de pensamiento coinciden. La mayor parte del mundo ha sido diseñado **por** personas con cerebro corriente y **para** personas con cerebro corriente.

Greta dice que su neurodiversidad es su **superpoder.** Su mutismo selectivo la hace hablar solo cuando tiene que hacerlo, así que sus palabras tienen peso. Su trastorno obsesivo-compulsivo y su autismo la hacen pensar mucho. Eso significa que no puede olvidarse con facilidad de las cosas que la preocupan. Por eso no ha dejado de hablar de la crisis del clima.

Seguramente, en tu clase o en tu familia habrá personas que sean neurodiversas y tengan maneras de pensar distintas e interesantes. Tal vez podrías **preguntarles** qué piensan de la crisis del clima... Nunca se sabe, tal vez tengan una idea nueva que no se le había ocurrido a nadie.

Cuando encaramos la amenaza de la crisis del clima, necesitamos usar nuestra sabiduría colectiva para encontrar modos distintos de ver el mundo y afrontar lo que va mal. Entonces puede que, **juntos,** consigamos salvar el planeta.

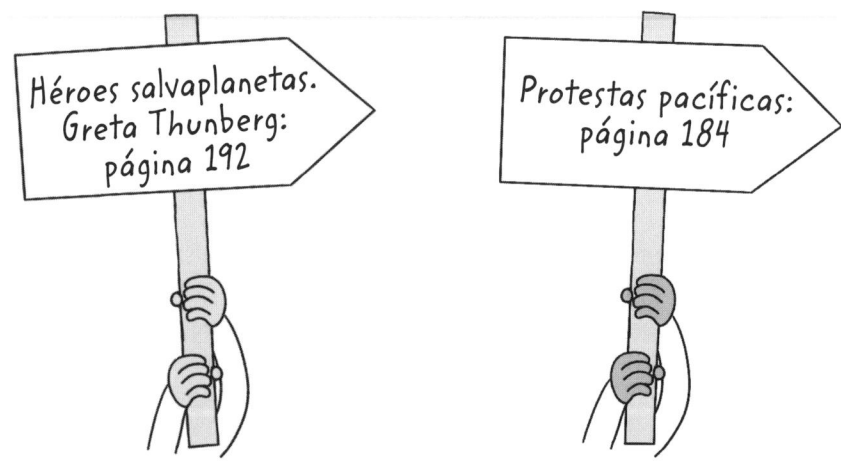

Héroes salvaplanetas.
Greta Thunberg:
página 192

Protestas pacíficas:
página 184

Empatía

La capacidad de comprender y sentir las emociones de otros se llama **empatía.**

La empatía podría resultar importante a la hora de salvar el planeta porque muchas de las cosas que tenemos que hacer son en beneficio de **otras personas,** algunas de las cuales aún no han nacido.

Si me dices que tengo que dejar de comer queso porque está echando a perder el planeta, tendré que ponerme **en la piel** de personas que no existirán hasta después de que yo haya muerto. Tengo que dejar de comer queso por ellas.

Esto lo hago por ti y por tus hijos. De nada.

¿Cómo podemos ser más empáticos?

Una manera es leer **libros de ficción.** Las novelas hablan de personajes que nunca conoceremos porque son inventados. Pero cuando entramos en una buena novela empezamos a sentir lo que sienten aquellos personajes. Eso ayuda a crecer **los músculos de la empatía.**

La empatía puede ayudarnos a sentir lo que sienten otros cuando tomamos decisiones sobre cómo vivir nuestra vida.

Cómo me hizo beber agua mi madre

Todos sabemos que beber agua es muy bueno para nosotros. Debemos mantenernos hidratados, pues, si no, la cabeza te hará cosas raras y terminarás cayéndote. Me encanta beber agua.

Pero cuando era pequeño pensaba que el agua era **aburrida** y me negaba a beberla. Muy astuta, mi madre encontró la manera de hacerme beber.

YO: Tengo sed. ¿Me puedo beber un zumo de naranja, por favor?

MAMÁ: No. No tenemos.

YO: ¿Puedo tomar quina?

MAMÁ: No. Estamos en los 70, y solo puedes beber quina si te estás muriendo.

QUINA

¡Quina!
Para cuando te estás muriendo.

YO: Entonces, ¿qué puedo tomar?

MAMÁ: Puedes beber agua.

*(Va al fregadero,
echa agua del grifo
y me pone delante
un vaso lleno).*

YO: ¿Qué es esto?

MAMÁ: Es agua.

YO: No me gusta el agua.

MAMÁ: ¿Cómo puede
no gustarte?
No sabe a nada.

YO: Por eso
no me gusta.

MAMÁ: Bueno,
bébetela...

AQUÍ VIENE EL MOMENTO BRILLANTE

MAMÁ: Bébetela porque es lo que beben los LEONES.

YO: ¡Ah! Los leones beben agua, voy a ser como un león. ¡Gruauu!

(Me bebí el agua con entusiasmo).

No me puedo creer que me la colara así.

Cosas que no deberían estar en este libro: página 236

Un día llegaré a casa
con una cebra y la pondré
en la mesa.

DAPHNE: Papá, ¿qué es esto?

YO: Es una cebra.

DAPHNE: ¿Por qué está
en la mesa?

YO: Es para la cena.

CEBRA: ¡Yo no soy ninguna cena!
Todavía estoy viva.

DAPHNE: No me gusta la carne de cebra.

YO: Bueno, es lo que comen
los leones, así que... ¡vamos,
cómetela!

CEBRA: Yo no quiero estar
en este libro.

No seas tan
tiquismiquis:
página 208

Maleducados

El otro día vi a una chica joven que tiraba una pulsera de plástico al suelo. Así que hice lo que habría hecho cualquier adulto fastidioso; la recogí y le dije: «Perdone, señorita, creo que se le ha caído esto».

Pensaba que le **daría vergüenza** haber tirado basura al suelo y se disculparía. Pero aquella joven se limitó a mirarme a los ojos y decir: «No, ya no la quiero». Y entonces me la quitó para volver a tirarla al suelo.

Obviamente, yo cogí la pulsera y la tiré al contenedor del plástico, pero el incidente **me afectó.**

El director de un instituto me ha comentado lo frustrado que se siente cuando tratan de enseñar educación a los jóvenes, y el resultado es que tiran basura por todos lados: «No les preocupa el planeta —me dijo—. Les da igual que las aceras estén llenas de basura. ¿Por qué deberíamos cambiar nuestra vida por ellos?».

Esta es **una buena pregunta.**

Pero hay otra pregunta mejor...

¿Por qué un adulto piensa que es correcto destruir el planeta para la siguiente generación solo porque algunos tiren la basura al suelo? Ese es un castigo muy duro que sufren también todos los demás.

Como usted, señorita, ha tirado al suelo una bolsa de patatas fritas, ¡como castigo impediremos que usted y sus hijos puedan vivir en el planeta Tierra por los siglos de los siglos!

¿No podría mandarme algún trabajillo para la comunidad?

¡No hay excusas!

Se me ocurre que quizá la gente **no quiere cambiar.** Y por eso utilizan cualquier excusa para seguir haciendo lo que hemos hecho siempre, porque es más sencillo que afrontar los problemas. Bueno, pues no lo acepto.

Es nuestra misión como **guerreros salvaplanetas** hacer preguntas impertinentes para que la gente cambie. He aquí algunas sugerencias:

¿Por qué llevas un Range Rover 4-L?

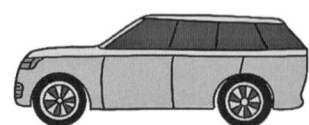

Porque las baterías de los coches eléctricos no duran para siempre.

Es verdad. Pero siguen siendo mejores que los coches de gasoil.

¿Por qué no tienes paneles solares en el tejado?

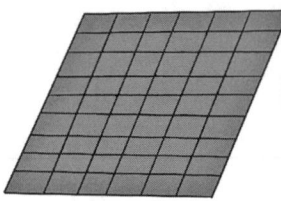

Porque cuesta mucho tiempo amortizar el dinero.

Sí, pero siguen siendo mejor que no tenerlos.

¿Por qué compras tanto plástico?

Porque otros envoltorios no duran tanto.

Vale, pero son mejores que el plástico.

¿Por qué no has hecho los deberes?

Porque los gatos no hacen deberes.

¡Haz los deberes! ¡Tú no eres ningún gato!

Ya has captado la idea. Que no hayamos encontrado **soluciones ideales** para todos nuestros problemas no quiere decir que no debamos **hacer algo.**

Si todo el mundo hace **un poco,** el mundo será un lugar mejor. Pero habrá que implicar a todo el mundo.

Héroes salvaplanetas.
Greta Thunberg:
página 192

¡Bajad la edad
de voto!:
página 178

Protestas pacíficas:
página 184

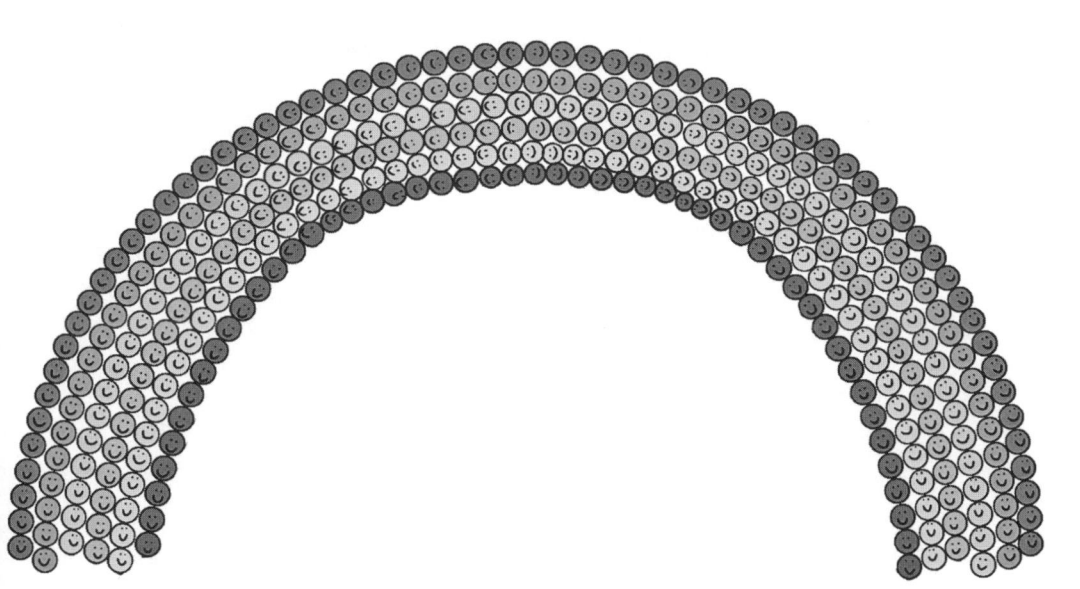

Acolchado fácil con cartones

Este es **un buen método** para crear tierra, cultivar comida... ¡y mojar a tus familiares con la manguera!

Se puede hacer esto en un cachito de suelo o en un enorme campo. Pero será mejor empezar por el cachito pequeño y ver cómo funciona la cosa. El mejor momento del año para hacerlo es en otoño.

Necesitarás:

- Unas **cajas viejas de cartón.** Asegúrate de que les quitas las cintas de plástico que puedan tener: no necesitas plásticos en tu tierra.

- Muchas **cosas marrones y verdes,** como compost, hierba segada u hojas.

- Un poco de **paja.**

- **Mucha agua.**
  Lo ideal sería que la recogieras del tejado con un cubo, pero una manguera puede valer. Si se usa una manguera, es mejor hacerlo en otoño o invierno, cuando hay mucha agua.

Tu primer trabajo es **segar la hierba** que vas a cubrir. Tendrá que ayudarte un adulto. Si hay hierbas resistentes, como cardos o profesores suplentes, es mejor arrancarlas.

Después, **moja muy bien la hierba.**

A continuación, **cúbrela con un cartón,** asegurándote de que no quedan huecos. Esto forma una barrera que evita que la hierba y los hierbajos reciban luz del sol. ¡Sin luz, morirán, se pudrirán y se convertirán en tierra!

Humedece el cartón **con más agua.**

¡Eh, se te ha olvidado arrancarme!

141

Tapa el cartón con las cosas marrones y verdes.
Esta capa debería tener diez o doce centímetros de grosor.

Riega esto también. Si utilizas una manguera, este es el momento
de **mojar** a alguien con ella.

Finalmente, cúbrelo todo con paja.

Ahora, **olvídate** de todo durante el invierno.

En primavera, retira **la paja** y mira a ver qué **ha pasado.**
Todas las cosas marrones y verdes se habrán convertido
en tierra.

Ahora tendrás un lecho en el que cultivar verduras.
¡Y lo has hecho tú!

Cultiva tus
propias verduras:
página 170

Héroes salvaplanetas.
Tú:
página 203

Mi bosque
de comida:
página 219

143

Sabiduría ancestral

Los humanos llevamos **300 000 años** viviendo en el planeta Tierra. En ese tiempo, han vivido de distintas maneras muchas comunidades, tribus y grupos diferentes.

¿Cuánto tiempo llevamos aquí los humanos?: página 19

Ahora estamos viviendo una crisis climática, pero hace tiempo los primeros pueblos de Australia, África y América del Norte y del Sur vivían de manera **mucho más sostenible.** Conectaban con la Tierra tratándola con respeto y sin robarle demasiado.

Por desgracia, muchos de estos pueblos fueron invadidos y sus modos de vida se interrumpieron. Esto es una pena porque si todos viviéramos como ellos seguramente no tendríamos el problema del **calentamiento global.**

Sin embargo, sigue habiendo algunas comunidades que viven de esa manera. Los pigmeos del este de África llevan por ahí al menos **60 000 años,** y en todo ese tiempo se las han apañado bastante bien sin destruir su medio ambiente.

Mucha gente piensa que **podríamos aprender mucho** de estas comunidades. Suponte que todos intentamos tratar a la Tierra con más respeto, tomar solo lo que necesitamos y no ser avariciosos. Si escuchamos a la gente que comprende esa manera de vivir, algo podremos aprender.

Muchas culturas tienen gente que vive de ese modo. En tu comunidad, ¿qué personas saben **convivir con la naturaleza?** ¿Los jardineros? ¿Los pescadores? ¿Los herboristas, las brujas...? Todos están por ahí, esperando que les preguntes.

Héroes salvaplanetas. Morag Gamble: página 57

Permacultura: página 194

Aventuras del abuelo en la caca

Andrew, el abuelo de mis hijos, es delineante. Cuando no era más que un aprendiz, tuvo que hacer un día de prácticas para aprender a dibujar un plano de **la depuradora de aguas residuales.** En cierto momento, él y otros seis estaban de pie sobre un trozo de hormigón, observando uno de los descomunales conductos por los que caía la caca, mientras hablaba el profesor. Y, **sin querer,** el abuelo dio un paso atrás... **¡y cayó al descomunal conducto de caca!**

No sé si has visto el momento de *Charlie y la fábrica de chocolate* en que Augustus Gloop cae en el río de chocolate y lo traga un tubo de chocolate...

Bueno, pues fue un poco así. Pero con **caca** en vez de chocolate. Miles de litros de caca y pis y papel higiénico de muchas personas y otras cosas que la gente tira por el váter. El abuelo bajó por el conducto, arrastrado por **un río de caca,** hasta que afortunadamente algunas personas lo pescaron y lo sacaron de allí.

Tuvo que pasar dos noches **en el hospital** mientras le daban antibióticos para que no se pusiera enfermo. Suponemos que también le dieron un montón de duchas y de perfume.

Asegura que durante las dos semanas siguientes todo le seguía **oliendo a caca.** Como si la caca le hubiera abrasado la nariz por dentro.

Entonces, cinco días después, el abuelo oyó que alguien contaba esta historia a un grupo de aprendices nuevos:

«Hubo un idiota —decía el hombre— que se aburría tanto durante las prácticas ¡que se tiró al conducto!».

Todo el mundo se rio, pero el abuelo sintió la necesidad de corregir al hombre. Se acercó y le dijo:

—Perdone, pero creo que no lo está contando bien.

—Sí —dijo el profesor—, un idiota se tiró a la caca porque se aburría en la clase.

El abuelo se estiró todo lo que pudo, y puso su voz más solemne:

—Para que se entere, ese idiota no decidió tirarse a la caca. Fue un accidente. Y lo sé porque ¡YO SOY ESE IDIOTA!

Y se fue de allí con paso muy digno.

Bueno, ¿por qué te he contado esta historia en un libro sobre «salvar el planeta»? Pues porque es graciosa, y como en este libro ya hay un montón **de caca**, ¿por qué no añadir un poco más?

Pero, además, tal vez la historia del abuelo cayendo a la caca nos pueda enseñar algo sobre cómo salvar el planeta.

Imagínate que **la crisis del clima** es como ese enorme pozo de hormigón en el que se remueve la caca con el papel higiénico. El abuelo cayó dentro no porque fuera deliberadamente tonto. No se tiró por gamberrismo ni por aburrimiento. Fue un accidente. No estaba prestando atención. Se cayó por equivocación.

Nos pasamos un montón de tiempo criticando a la gente mala por hacer cosas que son malas para el medio ambiente. Y sí, hay alguna gente mala por ahí que echa veneno a los ríos queriendo, que vuela en avión y que empieza guerras que llevarán inevitablemente a catástrofes para el medio ambiente.

Pero la mayoría de los que hacemos daño al planeta se lo hacemos **sin querer.**

Lo hacemos porque no prestamos atención a lo que pasa. Muchos **negocios** que contaminan las aguas y los cielos lo hacen porque no prestan atención. No lo hacen porque sean malos, sino porque solo se fijan en otras cosas. Como **hacer dinero.** Eso no es excusa para hacer cosas que dañan al planeta y a la humanidad. Así que asegúrate de que estás atento y adviertes a los que están a punto de caerse en un río de caca.

El váter: página 58

Compost de caquita: página 160

Canciones de gusanos sobre gusanos

Me gusta escribir poemas y canciones. Esto lo escribí hace años. Aquí están las palabras. La música la pondré en mi canal de YouTube o donde sea.

Te darás cuenta de que me gustan las **abejas** y los **gusanos.**

Los gatos, sin embargo..., no estoy seguro. Tienen la costumbre de pasearse por mi huerto como si fuera de ellos, de arrancar cosas, de hacer caca en todas partes y de matar a los conejitos recién nacidos. Aquí hay unas canciones para todos ellos:

Hola, señor Gusano:
¿Qué tal le va en un día tan claro?
En su viaje por el suelo,
avanzando con ese contoneo,
convierte en mantillo el huerto
y no piensa en nada más.
Espero que no se muera usted,
pues nosotros iríamos detrás.
Iríamos detrás.

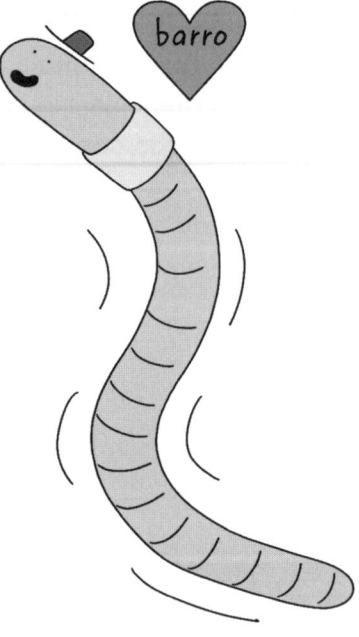

barro

Hola, señora Abeja:

¿Qué tal le va en una tarde tan buena?
¿Está trabajando duro?
¿O solo se lo pasa teta?
Usted poliniza las flores
de todas las macetas
del mundo.
Espero que no se muera usted,
Pues nosotros iríamos detrás.
Iríamos detrás.

Hola, señor Gato:

Qué tal le va en este rato...
Se ha comido usted media abeja,
y ha ensuciado la senda
del gusano.
No me gusta usted, señor Gato,
ni su culo despiadado.
¡Ni les gusta a los hortelanos,
señor Gato!
Ni a su mamá.
¡Qué va!

Cultiva tus propias verduras: página 170

Héroes salvaplanetas.
Abeja:
página 222

151

¿Qué podemos hacer nosotros?

Si te pareces a mí, seguramente ahora estarás caminando por la habitación, preguntándote **qué se puede hacer realmente.** Pues bien, yo he elaborado una tabla a propósito para esta ocasión.

He separado las actuaciones en cuatro grupos:
lo que puedes hacer **tú** como individuo;
lo que puede hacer **tu familia;**
lo que puede hacer **tu comunidad local,**
y lo que puede hacer **el Gobierno.**

Tú

Tu cuidador

El líder de
tu comunidad

Tu representante
en el Gobierno

COMIDA

Tú: En el cole, elige la opción vegetariana y cómetelo todo aunque no sea lo que más te gusta. ¡Intenta ser menos tiquismiquis!

Familia: Comprad menos carne y productos lácteos. Elegid tipos de queso y leche más sostenibles. Buscad los elaborados con avena y soja. Cultivad comida en algún sitio.

Comunidad: Montad un huerto o granja de la comunidad. Comprad al por mayor y en cajas de verduras de agricultores locales.

Gobierno: Poned el dinero en mejores formas de cultivar, y aseguraos de que los restaurantes y los menús escolares tienen opciones respetuosas con el medio ambiente.

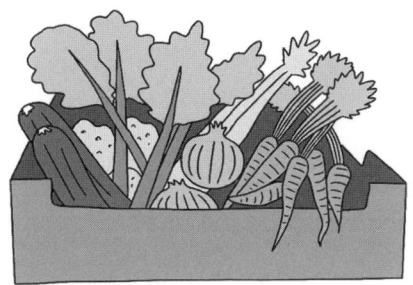

VIAJAR

Tú: Ve al colegio caminando, saltando, corriendo, en bici, en monopatín, en autobús o compartiendo coche.

Familia: No voléis en vacaciones (a menos que tengáis vuestras propias alas). Usad el tren y el autobús.

Comunidad: Usad más el autobús y el coche compartido.

Gobierno: Dejad de dar montones de dinero a las compañías petroleras. Poned los billetes de tren más baratos. Dadle a todo el mundo bicis gratis y clases para aprender a montarlas.

AGUA

Tú: No dejes el grifo abierto.
Echa a las plantas el agua sobrante.
Pero no refrescos con gas: te saldrán
zanahorias con burbujas.

Familia: Comprad un cubo y recoged
el agua del tejado. Compartid el agua
del baño.

Comunidad: Haced un compostero
de caquita comunitario.

Gobierno: Cread una red nacional
de compostaje con aguas fecales.

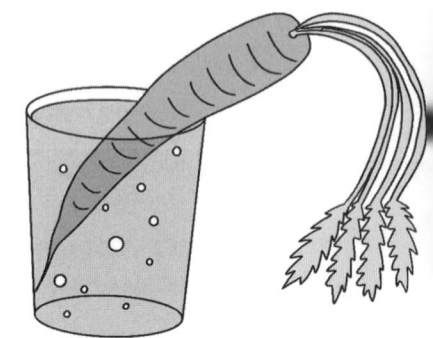

ENERGÍA

Tú: Desconecta aparatos, luces
y cargadores del móvil cuando no los uses.

Familia: Pregunta a tus padres o tutores
si podéis poner paneles solares o un pequeño
aerogenerador en casa. Una vez a la semana
o al mes, vivid un día sin energía.

Comunidad: Ayudad a la gente a poner
paneles solares.

Gobierno: Subvencionad los paneles
solares en los tejados.

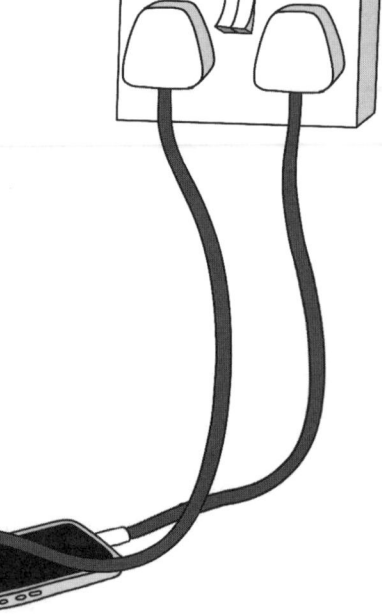

CALEFACCIÓN Y REFRIGERACIÓN

CUBO PARA PIES

Tú: Si tienes frío, ponte un jersey. Si tienes calor, mete los pies en un cubo de agua fría.

Familia: Bajad el termostato y poneos un gorro para estar calentitos. Los días de calor, cerrad las ventanas y las cortinas para mantener la casa fresca.

Comunidad: Preparad sitios comunes que estén calentitos en invierno y frescos en verano para que la gente pueda compartir el tiempo en ellos.

Gobierno: Aislad los edificios para protegerlos de las temperaturas extremas.

CHOCOLATE Y COSAS DULCES

Tú: Mira la etiqueta y compra solo productos que no contengan aceite de palma.

Familia: Haced vuestros propios bizcochos y compartidlos.

Comunidad: Organizad talleres de horneado en los colegios.

Gobierno: Obligad a que Willy Wonka reabra su fábrica y comercialice ahora mismo sus gluglúteos perpetuos. O que prohíba el aceite de palma. Lo que sea más fácil.

155

Máquinas del clima de Espiralidosa

Mi compañía ficticia **favorita** es la sudamericana Corporación de **Espiralidosa**, que debe su fama sobre todo a la fabricación de catapultas para lanzar perros desde la Luna a la Tierra.

También fabrican **máquinas repelentes de osos polares** en forma de piña. Yo tengo una en mi cama.

Recientemente, Espiralidosa ha comprendido que su habilidad inventora e ingenieril podría usarse para hacer máquinas que **salven el planeta Tierra.** Aquí hay algunas de sus invenciones más recientes:

ESPIRALIDOSA, S. A.

Máquina extractora de carbono y generadora de juguetes

Una máquina que extrae carbono del aire y lo convierte en juguetes. Sin embargo, esta máquina da **muchos problemas.**

En primer lugar, **no funciona.** En segundo lugar, si funcionara, gastaría tanta energía que podría generar **más dióxido de carbono** del que capturara. En tercer lugar, los juguetes seguramente serían una porquería y nadie jugaría con ellos y los tirarían a la basura.

Por último, como los huesos están hechos **de carbono,** todo el que se acercara a la máquina quedaría convertido en una persona-medusa, y andaría por los suelos cantando canciones raras sobre lo maravilloso que era tener huesos.

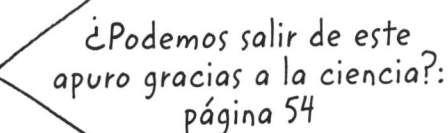

¿Podemos salir de este apuro gracias a la ciencia?: página 54

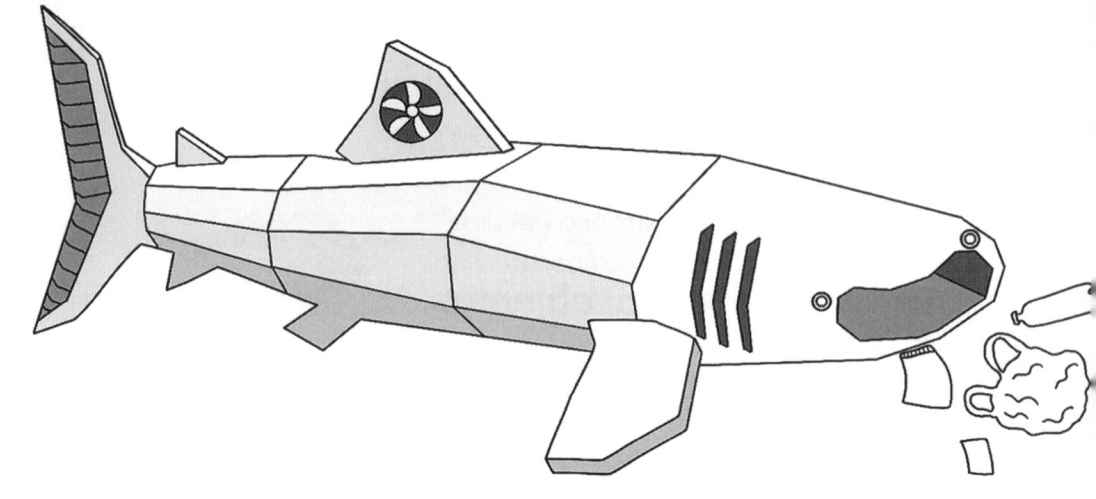

MÁQUINA COMEDORA DE PLÁSTICOS

Se trata de un barco controlado a distancia que navega por los océanos, **tragando agua de mar** como un tiburón ballena. Pero, en vez de filtrar el plancton, **filtra el plástico.** Esta es una manera muy buena de salvar a los peces y a otros seres marinos que mueren accidentalmente por ingerir nuestros deshechos plásticos.

El único problema es que el plástico de la superficie es solo el **1 %** de todo el plástico que contiene el océano. El océano es tan profundo y vasto y nosotros le hemos echado tantos miles de millones de toneladas de plástico, que no tenemos ni idea de dónde está la mayor parte. Es algo así como jugar **al escondite** con una rana... en un estadio.

REMIENDOMÁTICA AUTOMÁTICA

Se trata de un robot muy inteligente que vive en un rincón de la cocina y que cada vez que ve a alguien con **un agujero en la ropa** aparece de un salto (da un poco de miedo) con aguja e hilo y produciendo un zumbido con sus tentáculos mecánicos.

Por desgracia, la hija de uno de mis compañeros suele llevar vaqueros de moda de esos que están medio rotos por todas partes, así que cada vez que se acerca a la remiendomática automática **queda remendada de arriba abajo** y parece una crisálida.

Imagínate.

¡REMIENDO COMPLETADO!

Compost de caquita

¿Qué hago yo con mi caca?

Bueno, yo hago algo un poco distinto. No tiro de la cadena para mandar mi pipí y mi caca a la red fluvial. **Hago compost con todo.**

El pis lo echo al **montón del compost** (el pis es muy bueno para el compost).

Hago caca en un sistema de **compostaje en caldero** que he construido en mi caravana. El sistema no utiliza agua. En vez de tirar de la cadena, lo tapo con serrín.

Es genial: el serrín es **justo** lo que necesita la caca para convertirse en un compost seguro y maravilloso. El proceso entero necesita entre **uno y dos años,** pero te juro que no huele mal. El serrín es tan fino que crea una capa por encima de la caca que impide que salga cualquier olor aparte del agradable aroma de la madera cortada. Y solo me costó medio día construir el sistema entero.

Tú podrías hacerlo también. Bueno, solo si un adulto te da permiso. ¡Cualquiera puede hacerlo si dispone del tiempo y del espacio! Pero hay que tener cuidado. La caca está llena de gérmenes, así que no es algo con lo que se deba jugar.

Hacer tu propio inodoro-compostero puede ser **fácil**, pero también necesitas un lugar seguro para compostarlo. Yo vacío el cubo una vez por semana, y después lo tapo todo con más serrín y paja. Sin embargo, yo vivo en el campo, así que tengo bastante espacio para hacerlo. El compost humano necesita de un lugar donde nadie pueda caerse por accidente.

Si tu jardín no es lo bastante grande, ¿qué puedes hacer?

¿Quieres mi caca?

¡Sí, por favor!

Aventuras del abuelo en la caca: página 146

El váter: página 58

Bueno, tal vez puedas encontrar a alguien que esté ya compostando sus propios desechos y ver si puedes añadir tu propia caca a su montón una vez por semana. O puedes venir a mi casa y dejarlo aquí. Solo llama dos veces y di: «¡Traigo unos chorizos...!».

¿Cuántos planetas Tierra estás usando?

Hay unos **ocho mil millones de personas** en el mundo, pero no todos usamos la misma cantidad de cosas. Si todos viviéramos como la gente de Bangladesh, solo necesitaríamos una sexta parte del planeta para vivir. El resto podríamos dejárselo a la naturaleza.

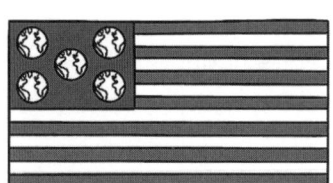

Sin embargo, si los ocho mil millones de personas vivieran como nosotros, los occidentales, necesitaríamos casi **cinco planetas Tierra.** Y eso no funcionaría.

En el Reino Unido, cada persona gasta **tres Tierras** de cosas. ¡Demasiado!

¿No sería buena idea que cada persona viviera usando solo **la parte que le toca?** ¿Cómo sería eso?

Vamos a averiguarlo.

¿Qué es
«la parte que te toca»?

Imagínate que tu cole fuera el mundo entero. Eso sería una Tierra muy pequeñita. Digamos que hay cien personas en ella. No existe nadie más.

Y hay cierta cantidad de agua, de árboles, de madera, de comida, de gas y de otros recursos.

¿Cómo preferirías vivir? Te doy dos posibilidades a elegir:

PRIMERA POSIBILIDAD: Cinco o seis de las personas más grandes y fuertes (seguramente los profes) se quedan con la mayor parte de todo. El resto se reparten lo que queda.

SEGUNDA POSIBILIDAD: Juntamos todo lo que hay en el cole y lo dividimos a partes iguales entre todos, y de manera que todo el mundo tiene lo mismo. Esa es la parte justa que le toca a cada uno.

Espero que prefieras la segunda posibilidad. A menos, claro está, que seas un **malvado profesor** que le ha robado este libro a uno de sus estudiantes. En ese caso, *¡vade retro*, profe! ¡Regresa al averno del que procedes!

Ahora, imaginemos lo mismo con el mundo entero, tal como es actualmente.

Si hiciéramos esto en **1950** (sumarlo todo y dividirlo por las personas que había en el mundo), nos tocaría una parte suficiente para llevar el estilo de un europeo normal de esa época.

Eso, básicamente, significaba que todo el mundo podría haber tenido:

- Un coche por familia.

- Dos vacaciones al año en su propio país (solo la gente muy rica cogía el avión).

- La mayor parte de la comida vendría de las proximidades, o llegaría en barco de ultramar.

- Una gran parte de tu comida la habrías cultivado tú mismo.

- Viajarías principalmente en tren, autobús, tranvía, bicicleta o caminando.

- Tendrías iluminación eléctrica en tu casa.

- Podrías tener tele,
  con un poco de suerte,
  pero no sería muy buena.

Eso era en 1950.

¿Y qué pasa ahora?
¿A qué tocamos en
la actualidad?

¿Podemos ver Netflix esta noche?

No, todavía no se ha inventado.

¡Qué caca!

Bueno, pues ahora, por supuesto, hemos usado muchas de las cosas que había en el mundo en 1950. Nos lo hemos comido, bebido, quemado, explotado, hemos hecho caca en él, lo hemos triturado y lo hemos convertido en cosas como literas, teléfonos y peces robóticos cantarines. Así que quedan menos recursos naturales.

Y también hay mucha más gente. Mucha más.

En 1950 había unos **2500 mil millones** de personas en el planeta Tierra.

Hoy somos **ocho mil millones.** Eso es mucho más.

Y además de que hay menos para repartir, hay más gente para repartirlo.

Eso significa que la parte que nos toca es mucho menos de lo que representaba el estilo de vida europeo en 1950.

La parte que nos toca hoy se parece más al estilo de vida de un europeo de **1860**. De alguien de **la época victoriana.**

Así que si cogemos todo lo que hay en el mundo y lo dividimos por todos los que somos, la parte que nos toca es:

- **Nada de coche:** no se han inventado

- **Unas vacaciones** al año, probablemente a la costa más cercana.

- La mayor parte de tu **comida** se produciría en tu **misma localidad** o vendría de ultramar en barco.

- La **iluminación** de tu casa sería por **velas** o por **gas.** La electricidad aún no existe.

- **No hay tele.**
  El único entretenimiento serían tus abuelos haciendo unos ruidos raros al frotarse las rodillas.

- Seguramente tendrías que ir al colegio **andando.**

Así que eso es lo que nos toca. Y es **una caca.**

Pero... tranqui. Porque hay un montón de diferencias entre 1860 y ahora. Hemos inventado cosas, descubierto tecnologías y creado chismes como los auriculares, las mantas con mangas y los granizados que te dejan la boca de color azul.

Y lo que es más importante: ahora tenemos cosas como paneles solares, filtros de agua, aerogeneradores, teléfonos inteligentes, internet y los tigres voladores que hacen formas interesantes con la cola.

(Vale, lo del tigre es broma...).

Pero escucha: si usamos correctamente nuestras tecnologías, será posible que todos llevemos el estilo de vida de una persona victoriana y además:

- **Podrías usar** toda la electricidad e internet que quisieras.

- **Los trenes eléctricos** viajarían superrápido y te llevarían a la otra punta del continente en cosa de un día.

- Los invernaderos darían **toda la comida** que te imagines.

- Habría **tanta tele** que no tendrías que ver dos veces el mismo programa en toda tu vida.

- Las bicicletas y patinetes **eléctricos** irían por ahí haciendo «¡yummm!» como la gente del futuro.

Y esto sería para **todas** las personas del mundo.

Solo tenemos que asegurarnos de que unos malvados profesores no nos lo roban todo y se lo quedan para ellos.

¿Qué podemos hacer nosotros?: página 152

¿Qué te preocupa a ti?: página 20

¿Cuánto tiempo llevamos aquí los humanos?: página 19

Receta ética del bizcocho de chocolate

He estado intentando encontrar una receta realmente buena y salvaplanetística para hacer **bizcocho de chocolate.**

El otro día, mi amiga Jodie tuvo la amabilidad de hacerme un bizcocho de chocolate vegano. Pero incluía **aguacate,** y yo acabo de enterarme de que son **fatales** para el planeta.

De hecho, cuanto más busco, más difícil me parece hacer algo dulce y **chocolatoso** y que además sea **ético.**

> Mi problema con los aguacates: página 210

Así que aquí está mi receta para un postre **ético.** Se llama **«manzana».**

> INGREDIENTES: UNA MANZANA.
> **ELABORACIÓN:**
> COGE UNA MANZANA DE UN ÁRBOL.
> **CÓMETELA.** DEJA DE LLORIQUEAR.

> ¡Pero yo quería tarta de chocolate!

> No seas tan tiquismiquis: página 208

> Cultivar o recoger: página 216

Cultiva tus propias verduras

Es **sorprendentemente fácil** cultivar frutas y verduras, y no se necesita mucho espacio.

Si vives en el campo, tal vez tengas la suerte de disponer de un **jardín** que cultivar. A lo mejor hasta tienes sitio para hacer un bosque de comida.

Mi bosque de comida: página 219

Si vives en una ciudad, es posible que no tengas jardín. Pero aún **puedes cultivar** cosas en macetas, ya sea en un balcón o en el alféizar de una ventana. O puedes pedir a tus padres que cojan un huerto de los que ceden los ayuntamientos. Son pequeños terrenos reservados para que los vecinos cultiven frutas y verduras.

A lo mejor puedes hacer un acolchado con cartones y cultivar patatas. Puedes cosechar flores de saúco de arrayán para hacer refrescos y gritar a los tomates hasta que se pongan colorados.

¡Ponte colorado!

Acolchado fácil con cartones: página 140

Después puedes **cultivar** alimentos para ti y para tu familia. Y para todo el que pase, como los viajeros gigantes y los corredores de larga distancia.

Pregunta a un adulto si te puede ayudar a encontrar algo de tierra que nadie quiera. Hay huertos comunitarios en muchos sitios.

Si eso no funciona, mira a ver qué puedes cultivar en el alféizar de la ventana de tu cuarto.

Receta ética del bizcocho de chocolate: página 169

Comida: página 94

Renaturalizar: página 174

HÉROES SALVAPLANETAS

SIR DAVID ATTENBOROUGH

VIVE: No, David no vive en la selva. Vive en una bonita casa en Londres, Inglaterra.

FAMOSO POR: Ser naturalista y locutor.
David hace unos documentales increíbles sobre animales y conservación del hábitat.

HECHO CURIOSO: Le han dado su nombre a más de cincuenta plantas y animales diferentes, incluido un dinosaurio, que se llama ¡Attenborosaurus!

Sir David Attenborough es un tesoro nacional e internacional. Se le conoce en todo el mundo por sus maravillosos **documentales sobre vida salvaje** y por su importante trabajo como **activista** contra el cambio climático.

Nació en 1926, y ya de niño estaba fascinado por los animales y la naturaleza. Pasaba mucho tiempo coleccionando fósiles. Ahora, a sus noventa y tantos, Sir David es uno de los naturalistas **más famosos** del mundo.

Desde su primer programa de televisión, *Zoo Quest*, en 1956, ha presentado cientos de programas de naturaleza y ha viajado por todo el mundo. De hecho, ha estado **en todos** los continentes del planeta.

Durante los últimos veinte años más o menos, Sir David se ha concentrado en enseñarle al mundo **cómo debemos cuidar la naturaleza**. Hace campaña contra la contaminación de los plásticos y contra la deforestación, y dice que deberíamos comer menos carne, proteger la biodiversidad y usar fuentes de energía renovable, como la eólica y la solar.

Lo que más me gusta de Sir David es que **es positivo**. Cuando habló en la Conferencia del Cambio Climático de las Naciones Unidas en 2021, llamó a los seres humanos «los mayores solucionadores de problemas que han existido nunca en la Tierra». Así que seguramente también podemos resolver este...

Sir David también ha dicho:

> «A lo largo de mi vida, he presenciado un terrible declive. A lo largo de la vuestra, deberíais presenciar una maravillosa recuperación».

Eso me ayuda a ser positivo yo también. Porque tiene razón. Vosotros, chavales, podéis hacer **muchísimo** para salvar el planeta.

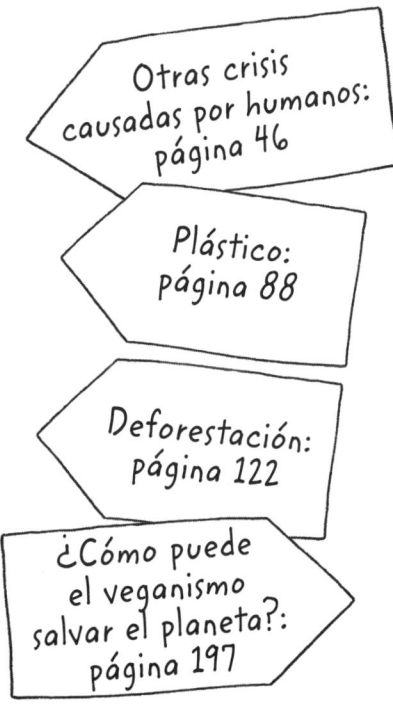

Otras crisis causadas por humanos: página 46

Plástico: página 88

Deforestación: página 122

¿Cómo puede el veganismo salvar el planeta?: página 197

Renaturalizar

La naturaleza **es increíble.** Una de las mejores maneras para conseguir que la naturaleza se recupere, es dejar trozos de tierra en paz, para que la vida salvaje pueda apropiárselos.

A eso se le llama **renaturalizar.**

Muchos pedazos del mundo están siendo renaturalizados. El parque Gorongosa de Mozambique es uno de los ejemplos más famosos de renaturalización de África. Después de una terrible guerra civil, un grupo de personas empezó a plantar árboles por las montañas para ayudar a ralentizar la erosión por las lluvias, y con el tiempo se reintrodujeron animales en lo que ahora es un parque tranquilo y exuberante. **Juntas,** esas personas devolvieron la vida a **4000 kilómetros cuadrados** de tierra devastada.

Si tienes un jardín, podrías hacer algo semejante en la medida de tus posibilidades. Prueba a vallar un pequeño trozo del jardín con palos o cuerdas, y asegúrate de que nadie puede tocarlo. Observa lo que pasa. La hierba seguramente se hará muy alta. Quizá aparezcan **flores silvestres.** Observa qué **insectos y pájaros** lo visitan.

Otra cosa buena que hacemos los humanos es crear **corredores ecológicos.**

Los corredores ecológicos son **franjas de vida salvaje** que conectan la naturaleza. Se utilizan cuando los humanos han alterado una zona, por ejemplo construyendo una autopista. A algunos animales como los tejones les gusta pastar a lo largo de grandes distancias.

Estos corredores ecológicos disminuyen las posibilidades de que intenten cruzar la autopista y sean atropellados.

Donde tú vives puedes hacer un corredor ecológico. Pregunta a tus padres y a tus vecinos si te dejan hacer un agujero en la valla que separa tu jardín del de la casa de al lado. Los erizos podrán usar ese agujero para pasar de un jardín al otro.

Escribiendo a tu representante

Si quieres ayudar a salvar el planeta, una de las cosas que puedes hacer es **escribir una carta** a alguien con poder.

Donde tú vives hay seguramente una persona que ha sido elegida como responsable de tomar **buenas decisiones** para tu comunidad. Yo vivo en el Reino Unido y por eso tengo a mi miembro del Parlamento. Esta persona contribuye a decidir cosas como:

- Cuántos impuestos tenemos que pagar.
- Cómo de grande tiene que ser nuestro ejército.
- Qué hacer cuando hay una pandemia.
- Cuánto dinero se les da a las compañías petrolíferas.

¡¡Fuego!!

Estas personas hacen **las leyes** y las cambian. Tienen el poder de cerrar carreteras, de construir nuevos trazados de tren y de poner paneles solares en nuestros tejados. ¡Pueden hacer de todo!

Estoy seguro de que se te da muy bien escribir cartas, pero te he preparado **una plantilla** que puedes copiar y utilizar. Solo tienes que rellenar las partes en blanco con las cosas que te preocupan.

Estimado ....:

Vivo en su zona y usted es mi representante.

Estoy realmente preocupado por ....

Me preocupa mucho que si no hacemos algo sobre ...., entonces
ocurrirá ...., e incluso puede que ....

He leído mucho sobre este tema y estoy convencido de que la solución
al problema es ....
....

Por favor, ¿podría encontrar la manera de que sucediera así?

Si usted lo puede hacer, cuando sea mayor es **muy posible**
que vote por usted. Si no lo hace, imprimiré fotos de su cara,
le dibujaré **un bigote muy raro** y unos **cuernos
de diablo,** y después las pegaré en nuestra ventana.

Atentamente,

....

¡Bajad la edad
de voto!:
página 178

¡Bajad la edad de voto!

Uno de los problemas de ser un niño es que no votas en las elecciones. En la mayoría de los países, solo pueden votar los que tienen dieciocho años o más.

Pienso que eso es **terrible.**

Cuando Estados Unidos declaró la independencia de Gran Bretaña en el siglo XVIII, fue en parte porque no les estaba permitido votar, pero sí que tenían que pagar impuestos al rey.
¡Así que **se negaron!**

Para celebrarlo, hicieron en Boston el motín del té, ¡y arrojaron todo su té al mar!

178

Bueno, los niños no tenéis que pagar impuestos directamente de vuestra paga semanal. Pero siempre que compras algo en la tienda pagas **impuestos.** O si vienes a ver uno de mis *shows* cómicos, tendrás que pagar 8 libras por la entrada. ¡Y 1,60 libras van al Gobierno!

Así que los niños pagan impuestos en este país. Y por eso digo que deberían tener derecho al voto.

Mi propuesta es que la edad de voto baje hasta los **siete años.**

¿**P**or qué?

Por muchas razones.

Realmente, necesito conquistar a esos nuevos votantes.

La primera de todas, que los políticos tendrían **que explicar** a los niños ciertas cosas de forma que las puedan entender. De ese modo, también las comprenderían los adultos.

En segundo lugar, los niños hacen **mejores preguntas** que los adultos.

Protestas por la paz:
página 184

Héroes salvaplanetas.
Tú:
página 203

Imagínate que los políticos tuvieran que responder en las noticias preguntas como estas:

Me voy a la cama a las 9. ¿Por qué no apagamos la electricidad desde esa hora hasta por la mañana?

¿Por qué necesitamos coches? ¿Por qué no podemos tener burbujas flotantes mágicas?

¿Por qué no damos clase al aire libre cuando hace sol?

¿Por qué me tengo que bañar todos los días?

¿No deberíamos aprender a instalar un panel solar? ¿O a hacer un lecho acolchado para plantar hortalizas? ¿O cómo funcionan los aerogeneradores? ¿O cómo hacer un horno de barro?

¿Tengo que llevar zapatillas en el colegio?

¿Por qué nuestros uniformes son todos iguales cuando nosotros somos todos distintos?

¿Por qué llevamos corbata?

¿Por qué tengo mocos?

¿Por qué leemos libros de personas muertas?

Los niños son **más creativos** que los adultos. ¡Podrían encontrar maneras de dirigir el país mejores y más sostenibles para ayudar a salvar el planeta!

A menudo la manera en que los adultos intentan resolver los problemas es un poco como la tapa de piano de Buckminster Fuller. Hacen cosas del modo que las han hecho **siempre** porque es lo que han hecho siempre. No intentan encontrar algo nuevo.

La mayoría de los niños nunca han visto una tapa de piano, así que no caen en esa **trampa.**

(Obviamente muchos niños sí que han visto una tapa de piano. Hay una encima del piano de la sala de reuniones. Solo era una manera de hablar...).

Pensamiento diverso: página 128

Escribiendo a tu representante: página 176

Héroes salvaplanetas. Buckminster Fuller: página 182

Cómo convencer a tus padres de hacer algo diferente: página 186

HÉROES SALVAPLANETAS

BUCKMINSTER FULLER

VIVIÓ: Buckminster Fuller fue un diseñador, inventor y arquitecto americano.

FAMOSO POR: Su invento mejor conocido fue seguramente la cúpula geodésica, que es como una enorme esfera construida de hexágonos y pentágonos. Es muy fuerte.

HECHO CURIOSO: Pensaba tanto en el futuro ¡que diseñó ideas para granjas subacuáticas y ciudades flotantes!

Ya de niño Buckminster se dio cuenta de que los triángulos son mucho **más estables** que los cuadrados. Eso le llevó a pensar de muchas maneras en cómo podía **diseñarse mejor el mundo.**

En 1927, Buckminster tuvo una experiencia **espiritual:** oyó una voz que le decía que él pertenecía al universo, y que debía trabajar para el bien de otros.

Desde ese momento, dedicó su vida a diseñar casas, coches, edificios, máquinas e ideas que **mejorarían a la humanidad.** Publicó 30 libros y creó casas y coches aerodinámicos. En sus últimos años se convirtió en presidente de Mensa, una sociedad para personas realmente inteligentes.

Justo antes de morir en 1983, Fuller describió su vida como un gran experimento para ver lo que podía hacer una persona para cambiar el mundo a mejor.

¿Qué puedes hacer tú que beneficie **a toda la humanidad?**

Diseño:
página 118

La construcción:
página 114

Máquinas del clima
de Espiralidosa:
página 156

Protestas pacíficas

A veces, escribir al Gobierno y pedir las cosas por favor no funciona. Un día, podrías darte cuenta de que tienes que **protestar** de alguna manera. Esto es lo que Greta Thunberg hizo cuando empezó a hacer huelga escolar los viernes por el clima.

U na buena **ecoprotesta** debería ser **pacífica y no violenta,** o sea, que nadie resulte herido. Al fin y al cabo, si tu mensaje es que todos necesitamos dejar de estropear el planeta e impedir que siga calentándose, quedaría raro que fueras por ahí rompiendo cosas y prendiéndoles fuego. Por favor, no hagas nada de eso solo porque tu colegio no va a montar una granja de gusanos.

Héroes salvaplanetas.
Greta Thunberg:
página 192

A lgunos manifestantes se colocan a la salida de edificios oficiales con **pancartas.** Otros caminan en **marchas** junto con miles de manifestantes. Otros son **más radicales** y hacen cosas como montar tiendas en zonas que van a ser demolidas, o encolarse ellos mismos a una autopista para causar molestias. Suena extremo, pero lo hacen para que su protesta se oiga.

S in embargo, **no** te encoles a la puerta del despacho del director.

Escribiendo
a tu representante:
página 176

Me veré metido en un lío si lo haces. Del mismo modo, si te untas entero de cola, te **envuelves de purpurina ecológica** y te pones a bailar en el *parking* cantando «Soy un gusano de discoteca y no dejaré de bailar hasta que montéis la granja de gusanos», que sepas que yo no te conozco de nada.

No, no es verdad: dímelo y me uniré a ti con mi propio disfraz de gusano.

Hay muchos manifestantes pacíficos en el mundo, en el pasado y en el presente, de los cuales podemos aprender. **Mahatma Gandhi** animaba a la gente a protestar tendiéndose en mitad de la carretera, cosa que ayudó a la India a conseguir la independencia de Gran Bretaña. **Rosa Parks** se negó a cederle su asiento de autobús a una persona blanca, y lo que hizo ayudó a los negros a conseguir la igualdad de derechos en Estados Unidos.

Mis manifestantes **favoritos** de momento son los que quieren poner aislamiento en todos los áticos para reducir las facturas de calefacción y la cantidad de gases de efecto invernadero que lanzamos a la atmósfera. Me encanta cómo están dispuestos a ser arrestados para que todo el mundo pueda tener un buen aislamiento en el ático.

Lo mejor de la acción no violenta es que nadie resulta herido pero puedes hacer **que se oiga** tu protesta.

Cómo convencer a tus padres de hacer algo diferente

Tus padres tienen que trabajar contigo para **ayudar a salvar el planeta.** Tu familia debe cambiar de muchos modos la manera en que vivís.

He aquí algunas maneras de convencer a tus padres de ser **más respetuosos** con el medio ambiente:

- Cambiando un poco vuestra **dieta.**
- Cambiando un poco la manera de **viajar.**
- Usando menos **electricidad.**
- **Reduciendo, reutilizando, reciclando.**
- Tirándoos menos **pedos.**
- **Todas** estas cosas.

No soy un experto, pero yo diría que esto es una verdura.

La cuestión es... **¿cómo lo hacemos?**

Aquí tienes algunas estrategias.

SEÑALAR UNA INCOHERENCIA: A los padres no

les gusta que los pillen diciendo una cosa y haciendo otra. Por ejemplo, no pueden decirte que dejes de discutir con tus hermanas en tu cuarto si ellos están tirándose las cazuelas uno al otro en la cocina.

¿Dónde están las **incoherencias** en el modo de vivir de tu familia?

Puede que tus padres te lleven al cole en un enorme 4 x 4 que devora gasoil y fue fabricado usando 180 000 litros de agua. Lo hacen porque te quieren y piensan que es mucho más seguro ir en una gran caja metálica. Es difícil discutir esto, pero...

¡CUIDADO!

¿Y si les haces ver que ese coche está en realidad **destruyendo** el medio ambiente, y por eso el futuro será muy difícil para ti y tus hijos? **Si ven** la incoherencia, puede que cambien.

Viajar: página 100

Gases de efecto invernadero: página 34

Agua: página 106

Pasos muy pequeños: A la gente **no le gusta cambiar.** Por eso llevamos el traje de baño debajo de la ropa de calle cuando vamos a la playa, porque no nos gusta cambiarnos. ¡Es bastante difícil hacer movimientos bajo la toalla para quitarse el bañador!

Así que **no esperes** que tu familia cambie completamente a la primera.

Empieza con cosas pequeñas, como:

> ¡Gran idea! Por cierto, ¿qué quiere decir vacuno?

- ¿Podríamos dejar de comer **carne de vacuno?**
- ¿Podríamos ir **andando al cole** un día a la semana?
- ¿Podríamos ir a la ciudad **en tren** en vez de en coche?
- ¿Podríamos **dejar de comprar** aguacates?

> ¡Eh!, ¿qué problema tenéis conmigo?

Mi problema con los aguacates: página 210

Comida: página 94

PRESIÓN DE LOS COMPIS: Los humanos somos **animales de rebaño.** Nos gusta hacer lo que hacen los demás. Y nos resulta difícil hacer algo distinto. A la gente que hace cosas distintas la llamamos cosas como:

Radicales

Raritos

Punkis

Ladrones de conejos

Tortugas cocineras

Abrazárboles

Jipis

Así que piensa un poco **quién** impresiona a tus padres. ¿Los amigos, los famosos...? ¿Los convencerías de que pusieran paneles solares si les hicieras ver que esa familia tan maja del número 73 va a poner uno en su tejado? ¿O que cierto actor lleva un coche eléctrico? ¿O que yo, James Campbell (¡su ídolo!), vive en una caravana que usa energía solar?

Energía: página 66

INCENTIVOS: También podrías intentar ofrecerles **recompensas** por su comportamiento salvaplanetístico.

Intenta decir: «Si comemos vegetariano un día a la semana, ese día cocinaré yo y después fregaré los platos mientras vosotros os sentáis en el salón a ver en la tele todos los muermos que queráis».

O esto otro: «Si trabajamos juntos y plantamos verduras en el jardín, prometo cuidaros cuando seáis mayores».

Estoy seguro de que se te ocurre algo.

HÉROES SALVAPLANETAS

GRETA THUNBERG

Greta Thunberg se hizo famosa cuando, a la edad de 15 años, se plantó ante los líderes mundiales para pedirles que **hicieran más para salvar el planeta.**

Oyó hablar del cambio climático por primera vez cuando tenía **11 años,** y no pudo comprender que se hiciera tan poco para solucionarlo.

VIVE EN: Greta es de Suecia, ¡pero viaja por todo el mundo para hablar sobre el cambio climático!

FAMOSA POR: Greta es activista y escritora. Es conocida por el valor que ha inspirado al mundo a hacer algo sobre el cambio climático ¡y hacerlo ya!

MÉRITO EXTRA: Odia hablar en público, ¡cosa que no se diría nunca, porque habla muy bien!

Así que un día decidió empezar a protestar. Durante tres semanas, Greta se negó a ir a clase, y se plantó delante del Parlamento sueco con un letrero que decía: **«Huelga escolar por el clima».** Y lo repitió todas las semanas, cada viernes.

SALVA EL PLANETA

Y entonces ocurrió algo sorprendente. **Otros** niños empezaron a unirse a ella, no solo en Suecia, sino **en todo el mundo.** Ahora **millones de niños** toman parte en huelgas escolares, y Greta se ha hecho famosa en todo el globo. Incluso apareció en la Conferencia del Clima de las Naciones Unidas de 2019 para dar un discurso ante los líderes mundiales, avergonzándolos por no hacer más para evitar la crisis del clima, diciendo: **«¿Cómo se atreven a robarnos el futuro?».**

Greta Thunberg es neurodiversa, lo que significa que **piensa distinto** a la mayoría de la gente. Greta llama a eso su «superpoder», pues significa que no tiene miedo de reconvenir a los adultos cuando hacen lo equivocado. Va al grano directa y rotunda.

Pensamiento diverso: página 128

Sus acciones **han inspirado** a millones de personas a salvar el planeta.

Protestas pacíficas: página 184

Cómo convencer a tus padres de hacer algo diferente: página 186

Permacultura

Una manera de vivir **de forma más sostenible** es mediante la práctica de la permacultura. No tiene el mejor nombre del mundo, pero yo la adoro.

«Permacultura» significa vivir y cuidar la tierra de manera que trabaje con la naturaleza. El hombre que la inventó pasó un montón de tiempo en bosques tropicales y vio cómo la naturaleza creaba sistemas sin ninguna interferencia.

Esta idea se usó primero para cultivar alimentos usando procedimientos que **permiten** a la naturaleza seguir su curso.

La permacultura es **una herramienta** que puedes usar para todo, desde crear un jardín de hierbas a organizar una comunidad entera.

Hay tres principios fundamentales:

EL CUIDADO DE LA TIERRA se refiere a no hacer cosas que perjudicarían a nuestro planeta. Todos los procedimientos de la permacultura **trabajan con la naturaleza,** y una vez establecidos, deberían funcionar por sí mismos. Como mis paneles solares: ¡lo único que hago es limpiarlos con un trapo, y me dan electricidad gratis!

EL CUIDADO DE LA GENTE se refiere a **cuidar de otras personas.** Y no solo de las que viven ahora en el planeta, sino también de las generaciones futuras. Pensando en mi bosque de comida: debería surtirlas de comida gratis durante cientos de años.

LA PARTE QUE NOS TOCA es sobre **compartir las cosas que sobran.** Si tienes un manzano en tu jardín, en algún momento tendrás demasiadas manzanas: compártelas con otras personas.

La permacultura consiste también en mirar los bordes en que se encuentran dos hábitats distintos, como un bosque y un prado, por ejemplo. En esos bordes habita **la mayor diversidad** de seres vivos.

Héroes salvaplanetas.
Morag Gamble:
página 57

Pensamiento
diverso:
página 128

Mi bosque
de comida:
página 219

Veganismo

Muchas personas se han hecho veganas o han adoptado una dieta basada en plantas como modo de salvar el planeta.

La palabra **«vegano»** suena a alguien procedente de un planeta distinto.

O al menos de un país diferente.

—Chelsey y Jaxon son veganos, ¿no lo sabías?
—Ah, qué curioso... ¡Pues no se les nota nada de acento!

Los veganos han decidido no comer, ni llevar ni consumir productos que tengan nada que ver con los animales. No comen huevos ni carne. No llevan ropa de cuero ni de piel. Algunos ni siquiera toman miel porque la hacen las abejas..., que son animales.

El veganismo comenzó como un medio de proteger a los animales del dolor y el sufrimiento, ¡pero además resulta que ser vegano es un buen medio de **salvar el planeta!**

Venimos del planeta Vega.

Los veganos y la miel: página 214

¿Cómo puede el veganismo salvar el planeta?

Imagínate por un momento que **todo el mundo** fuera vegano.

Criar animales ocupa mucho sitio, sobre todo porque, si vas a criar animales, necesitas cultivar comida para ellos.

Pero si todo el mundo se hiciera vegano, no necesitaríamos miles de animales de granja pastando por ahí. Eso significaría muchos menos pedos y por tanto muchas **menos emisiones de gases de efecto invernadero.** Tampoco necesitaríamos talar vastas zonas de bosques tropicales para cultivar alimento para los animales, como soja. De ese modo también ahorraríamos muchísima agua. Y no habría necesidad de transportar animales por el mundo, y eso significaría **menos emisiones de carbono.**

Así que muchos de los principales impactos al medio ambiente **se reducirían de inmediato** si la gente dejara de comer productos animales.

Pero ¿y los demás animales, que no necesitan pastar ni se tiran pedos venenosos? Seguramente está bien comérselos...

Bueno, **volvamos a pensarlo.** Por ejemplo, los pollos.

—¿Dónde tenemos a los pollos?

—¿Qué?

—¿Tenemos a los pollos en una sala de cine?

—No, no les gustaría.

—¡Les gustarían las palomitas de maíz!

Hay dos tipos de pollos. Los pollos que **se crían sueltos** y los pollos **que viven hacinados** en granjas.

La mayor parte de los pollos viven hacinados en granjas. Estos pollos están **en jaulas,** muy apretados, y cada uno ocupa un espacio del tamaño de un par de libros como este. Si abres este libro por el medio, ese es el espacio que tiene un pollo de esos. Los obligan a crecer a toda prisa, y por eso les dan una comida muy proteínica, como **la soja.** De hecho, hay más soja en el pollo que en el tofu.

Pero ¿de dónde viene la soja?

La soja no se da por aquí. Y aunque se diera, no tenemos bastante sitio.

La mayor parte del pienso para pollos viene del Brasil, donde crece en campos que antes eran parte de la selva amazónica. Así que **el Amazonas está siendo talado** para plantar soja con la que dar de comer a los pollos.

Un pollo normal vive 42 días antes de ser sacrificado, y come unos 6,3 kilogramos de comida.

¿Cuánto **sitio** requiere cultivar esa cantidad de comida?

Bueno, he hecho mis cuentas, y resulta que si se necesita una hectárea para conseguir dos toneladas y media de soja, entonces hacen falta **25 metros cuadrados** para cultivar la soja que se precisa para alimentar a un pollo. Eso es un cuadrado de 5 por 5 metros. Es un montón de bosque tropical para un pollo nada más.

Así que **sí.** Comerse cualquier animal requiere un montón de espacio. También requiere un montón de agua, de fertilizantes, de tierra y de gasóleo para mover las cosas de un lugar a otro.

Mientras me documentaba para escribir este libro, fui vegano durante un mes. Fue increíblemente fácil. **Y divertido.** Ahora llevo casi dos años siendo vegano. Me gustaría haber empezado antes.

Muchos de los activistas del clima y de los héroes salvaplanetas con los que he hablado mientras escribía este libro **también** son veganos.

Esta mañana le oí hablar de que iba a comprar queso vegano...

Ser vegano me va **realmente bien.** Lo cual me sorprendió. Creía que no sería capaz de apañármelas sin tomar leche ni queso. Supongo que seguiré siendo vegano el resto de mi vida.

Sin embargo, podría **no ser bueno para ti.**

Entonces, ¿tiene que ser vegano todo el mundo?

Hay quien dice que si todo el mundo fuera vegano, desaparecerían todos los animales. Otras personas han encontrado el modo de criar animales en pequeñas cantidades que realmente ayudan al medio ambiente y mejoran la tierra en que viven. **Estupendo.**

Otros dicen que el campo no tendría el mismo aspecto sin todos esos terrenos verdes, y sin las vacas y las ovejas y qué sé yo. Seguramente tienen razón.

Cultivar o recoger: página 216

Comida: página 94

Si la mayor parte de la gente decidiera seguir una dieta vegetal, **habría más bosques de comida y huertos de frutales.** Si más personas cultivaran su propia comida en familia o en comunidad, entonces el campo y los parques, y hasta las azoteas de las ciudades, parecerían mosaicos de distintas cosas comestibles. Y seguramente habría también pollos y patos y animales silvestres andando por ahí.

Mucha gente piensa que ser vegano es muy mala idea y que comer carne es parte de ser humano.

Yo no te voy a decir lo que tienes que hacer, pero podrías hacer como yo: **probar.** Prueba una comida vegana y a ver si te gusta.

Los gorilas **son veganos.**

¿Usted toma suficientes proteínas?

No seas tan tiquismiquis: página 208

Mi bosque de comida: página 219

Cultiva tus propias verduras: página 170

Eso está bien. Tú. Me gustaría que te imaginaras a ti mismo como **un héroe salvaplanetas.**

Dibuja tu cara en el recuadro y después escribe algo sobre **lo que vas a hacer** para salvar el planeta. Recuerda que no tienen por qué ser grandes cosas. Podrías decidir no comer aguacate, o ir andando al cole.

Se supone que no hay que escribir en los libros, pero te doy permiso, solo por esta vez.

HÉROES SALVAPLANETAS

TÚ

NOMBRE:

VIVE EN:

AÑO DE NACIMIENTO:

LE PREOCUPA QUE:

LO QUE VA A HACER AL RESPECTO:

Earthships

En los años 70, un arquitecto estadounidense llamado Mike Reynolds se sentía muy pero que muy preocupado por la cantidad de basura que estábamos arrojando al medio ambiente. Así que decidió dedicar su vida a construir casas... **¡hechas con basura!**

¿No sería estupendo poder construir una casa a base de neumáticos de coche y otros desperdicios? ¿No sería aún más estupendo que esa casa pudiera **obtener** toda la electricidad, toda el agua, protección y calefacción que necesitas sin usar nada que desprenda gases de efecto invernadero? ¿Y qué tal si pudiera también cultivar comida, y hacerse cargo de sus propios residuos?

Bueno, eso es lo que hizo **Mike Reynolds.**

Las llamó *earthships* (naves de tierra) porque, como una nave espacial, tienen todo lo que se necesita. Y parecen una nave espacial **realmente chula.**

¡Son bonitas!

Las *earthships* están hechas de neumáticos viejos de coche que normalmente se tiran a un vertedero. Se colocan donde irán los muros y se rellenan de tierra. Eso hace que los muros sean muy densos, de manera que mantienen el **fresco en verano** y son **cálidos en invierno.** Recogen agua de la lluvia del tejado, la filtran y la guardan para beber. Hay paneles solares que proveen toda la electricidad. Todo lo que va al váter alimenta las plantas y árboles dentro de la casa, que proporcionan comida.

Ciertos grupos del movimiento de transición enseñan a la gente a construir una *earthship*. Y si bien algunas tareas son complejas, como levantar hermosas paredes de cristal con botellas desechadas, otras, como rellenar los neumáticos de barro, son **tan sencillas** que hasta los niños pequeños pueden participar. Y otras tareas son muy divertidas: las paredes están cubiertas de barro y agua, así que construir una *earthship* es como hacer una cocina de barro gigante.

Lo que más me gusta de las *earthships* es que la mayoría pueden ser construidas **por cualquiera.**

La construcción:
página 114

Diseño:
página 118

Abono de lombriz

Este es un proyecto **divertido**. Es una manera muy buena de usar las sobras de comida y de obtener un fertilizante gratis para tu huerta.

Necesitarás:

- Una **bañera** vieja o una caja de plástico grande.

- Unos **ladrillos** viejos.

- Un **cubo.**

- Un **trozo de malla** doblada.

- Un montón de **caca.** A ser posible de caballo o vaca. La de pollo también vale: la puedes conseguir en viveros y tiendas de *delicatessen*.

- **Lombrices.**

- Una **red de sombra** (se vende en viveros).

Primero, busca un buen sitio para tu granja de lombrices. Cualquier sitio **fresco y sombreado** puede valer. Mejor si le cae el agua de lluvia. Que te ayuden a poner los ladrillos debajo de la bañera, para que esté lo bastante alta como para poder colocar el cubo debajo del desagüe.

Coloca la malla metálica sobre el desagüe, dentro de la bañera. Eso impedirá que las lombrices y demás se caigan y se vayan **por ahí** a ver mundo.

Ahora llena hasta la mitad la bañera con **caca** de caballo. Si está fresca, debería tener ya alguna lombriz dentro. Si no, necesitarás comprar alguna, ya sea en una tienda de aparejos de pesca o por internet.

Pon las lombrices en la caca de caballo. Pon la red de sombra encima y sujétala con ladrillos para que no se mueva.

La idea es que pongas todas **las sobras de la comida** en la bañera, debajo de la red, y que las lombrices se la coman. Entonces ellas producirán **un abono muy bueno** para la huerta. El líquido que caiga en el cubo es un gran fertilizante que puedes mezclar con agua para echársela a tus tomateras.

Cultiva tus propias verduras: página 170

Mi bosque de comida: página 219

Y si lo haces, por favor, **cuéntamelo.**

No seas tan tiquismiquis

Una frase que oigo a menudo es: «Eh, bueno..., no es lo que **más me gusta**».

Esta frase me pone de los nervios. La usan mis hijos, y también se la oigo decir a algunos adultos. Normalmente es la respuesta a una pregunta como:

—Tengo todos los ingredientes para hacer curry. ¿Te apetece un curry?

Y entonces, como no es lo que **más te gusta**, tenemos que volver a la tienda a comprar otros ingredientes. Esta es una forma de comportamiento que podemos **cambiar** para salvar el planeta.

Tenemos mucha comida en el mundo. Más que suficiente para alimentar a todo el mundo. Pero **tiramos** mucha de ella. Mucha se tira en las granjas y los campos. Los supermercados también tiran mucha. Pero la mayor parte se tira en nuestras cocinas y en nuestros platos.

Cuando la gente tira la comida, están tirando también el agua y la energía que se necesitó para producirla. Y cuando la comida se descompone en los vertederos, suelta gran cantidad de metano a la atmósfera. Ambas cosas son fatales para el medio ambiente. Así que una de las mejores cosas que puedes hacer para salvar el planeta **es comerte lo que te ponen.**

No seas tan tiquismiquis.

Prueba cosas nuevas.

Mi bosque
de comida:
página 219

Y no esperes que cada comida sea la mejor comida que has probado nunca.

Sí, a veces está muy bien probar algo sorprendente y maravilloso. La mayor parte del tiempo, sin embargo, la comida no es más que comida: combustible que te permite funcionar.

No seas tan tiquismiquis.
Salva el planeta.

Cultiva tus
propias verduras:
página 170

Mi problema
con los aguacates

Me gusta pensar que yo no soy tiquismiquis para la comida. Pero hay algo que **no puedo soportar: ¡el aguacate!**

Sí, el aguacate contiene grasas que son **buenas** para el organismo, así que son muy saludables. Y están por todas partes: sobre todo, si eres vegano.

Cada vez que voy a un bar, el almuerzo vegano contiene aguacate.

Si quiero un *brownie* vegano, lleva aguacate.

Están **por todas partes.**

Seguramente se están apoderando del mundo.

Por lo visto, se necesita probar una comida nueva unas **cinco veces** antes de que a tu cerebro empiece a gustarle. Por eso, como parte de la experiencia de escribir este libro, he intentado comer aguacate cinco veces.

Mi **esperanza** es que si aprendo a apreciar el aguacate, tú podrás aprender a comer calabacines y brócoli y apio o patatas redondas o cosas rojas o lo que actualmente te niegues a comer.

Así es como me ha ido:

Mi bosque de comida: página 219

INTENTO UNO:

El desayuno vegano contenía **medio aguacate frío** y asqueroso que me habían convertido en puré como si yo fuera un bebé al que no le han salido los dientes. Era **repulsivo,** y su aroma no abandonó mi nariz durante el resto del día.

INTENTO DOS: Ensalada que incluye aguacate.

Aunque parecía vomitivo, tomé dos cucharadas de esa cosa. Era... **soportable.** Quiero decir que no me morí.

INTENTO TRES: Hamburguesa vegana que incluye

un espeso guacamole untado. Tengo pesadillas con el guacamole. Pero estaba **regular.** Pude probar un poco.

INTENTO CUATRO:

Otra ensalada en una visita a mis padres. (El abuelo volvió a contar cómo se cayó a la alcantarilla, y después nos fuimos a comer). Con toda la intención, elegí la posibilidad del aguacate y comí una cucharada grande. Para ser sincero, **estaba bastante rico.**

INTENTO CINCO:

Cazuelita de puré de aguacate especiado. Parecía **vomitivo.** Me comí una cucharada. **Estaba bien.** Aunque demasiado especiado.

Así que ya he entrenado mi cerebro para que me guste el aguacate.

Y eso es increíble. Eso significa que podría entrenar mi cerebro para que me guste cualquier cosa. ¡Y tú también puedes!

Me pregunto qué podría probar a continuación... Tal vez... **¿vómito de tejón?**

Veganismo: página 196

La cena está servida.

Pero ahora tengo un nuevo problema... desde que he sabido cosas terribles de los aguacates que antes no sabía. Resulta que los aguacates los cultivan en México y en Chile y vienen al Reino Unido en unos **barcos frigoríficos gigantes** que obviamente usan una enorme cantidad de combustibles fósiles. Además, se **cultivan intensivamente.** Utilizan tanta agua que los agricultores están echando a perder la tierra en que cultivan su propia comida para poder mandarnos aguacates.

Así que resulta que los aguacates **son malos** y yo tenía razón cuando no me gustaban. Y aunque ahora como aguacate, me voy a negar a comerlo.

Yo tenía razón.

¡Los aguacates son **el mal!**

Parece que tenía usted razón, señor Campbell.

No seas tan tiquismiquis: página 208

Mi bosque de comida: página 219

Los veganos y la miel

Siempre creí que los veganos tomaban miel. Supongo que asumía que los veganos no veían a las abejas como animales porque solo son insectos. Resulta que no tenía ni idea de lo que decía.

También veía la miel como un subproducto de las abejas. Algo que les sobraba. Creía que los apicultores solo les cogían un poco.

Tal vez ese sea el caso de algunos **apicultores buenos** que solo tienen unas pocas colmenas.

Este apicultor no me inspira confianza.

Pero ahora he investigado un poco y me he enterado de por qué muchos veganos no toman miel. Resulta que las abejas **necesitan** la miel. Es lo que comen durante el invierno. Las abejas que forman parte de una explotación tienden a **morir de hambre** en invierno porque nos hemos llevado sus reservas.

Las abejas son **increíblemente importantes.** De hecho, les voy a dedicar su propia página. Y voy a dejar de tomar miel.

Héroes salvaplanetas.
Abejas:
página 222

Cultivar o recoger

Como sabes, la mayor parte de lo que comemos lo conseguimos **cultivándolo** o **criándolo**.

El campo de tu agricultor más cercano seguramente tiene este aspecto:

¿Qué estás mirando?

Es rectangular, con setos en los bordes.

En él se cultiva un solo tipo de planta. Probablemente trigo, o remolacha azucarera, o colza.

Ahora bien, algunos campos son más grandes que otros. En el Reino Unido el campo medio tiene **12 000 metros cuadrados**. Eso es algo menos de dos campos de fútbol.

En Canadá, sin embargo, el mayor campo tiene unos 140 millones de metros cuadrados. ¡Eso son **20 000 campos de fútbol!**

Para extraer la comida del campo, un agricultor tiene que hacer lo siguiente:

- Arar el campo con un tractor.
- Sembrar semillas con un tractor.
- Regar mucho el campo.
- Fertilizar el campo con productos químicos.
- Echar insecticida para matar los insectos que se comen la cosecha.
- Echar herbicida para que los hierbajos no compitan con la cosecha.
- Cosechar el alimento usando una cosechadora combinada.

Este es un gran medio de producir muchísima comida. Pero usa **un montón** de recursos.

Yo me voy ya a la cama. ¿Te encuentras bien, necesitas algo...?

Y la mayoría de todo eso es **malo** para el medio ambiente.

Entonces, **¿cuál es la alternativa?** Algo tenemos que comer.

En el pasado, la gente recolectaba comida **en los bosques.** ¿Podríamos usar algo así para reemplazar la agricultura?

Bueno, imagina una hectárea de bosque. Puede haber árboles con **fruta** y **frutos secos.** Algunas **hojas** también pueden comerse. Se puede encontrar mucha comida en él. Pero ¿qué hay que hacer para mantener el bosque?

Es bueno para el planeta. Y a la naturaleza también le gusta.

Pero sería difícil conseguir mucha comida de ese modo.

Entonces, **¿cuál es la solución?**

Afortunadamente, **hay una tercera posibilidad.**

Comida:
página 94

Agua:
Página 106

Mi bosque de comida

Estamos creando un **bosque de comida** en nuestro campo. Es un poco como los bosques de los que puedes leer en la página 122, solo que hemos reemplazado un montón de árboles y arbustos por otros que dan comida.

Plantamos fresas y frambuesas, árboles de frutos secos, perales y cerezos. Nos aseguramos de tener hojas que podamos comer y hierbas que den más sabor a nuestra comida. Cultivamos champiñones y castañas que podemos asar.

Los bosques de comida nos dan **lo mejor de ambos mundos.** Tenemos mucha comida pero sin usar combustibles fósiles ni fertilizantes. Y una vez tengamos funcionando todo el sistema, no tendremos que trabajar nada. Nos limitaremos a salir de vez en cuando con una cesta a coger comida. Gratis.

Cultiva tus propias verduras: página 170

Cultivar o recoger: página 216

¿Están ya para comer las nueces?

Mi bosque de comida se llama **Thistle Doo.** Para cuando este libro salga a la venta, podrás venir a visitarnos con tu familia o en una excursión del cole.

El único problema con los bosques de comida es que podrías tener que probar **comida nueva** que no has probado nunca.

Mi problema con los aguacates: página 210

Permacultura: página 194

No seas tan tiquismiquis: página 208

Cuándo plantar un bosque

Cuesta mucho tiempo hacer un bosque.

Un sabio dijo que el mejor momento de plantar un árbol es **«hace diez años».** Y el segundo mejor momento es **ahora.** No sé cuándo será el tercer momento mejor. Quizá, cuando tenga cita con la dentista.

No te podrás esconder de mí eternamente, James.

Cultiva tus propias verduras: página 170

HÉROES SALVAPLANETAS

ABEJAS

VIVEN: No solo en las colmenas. ¡Algunas especies de abejas también hacen nidos en el suelo!

FAMOSAS POR:
¡Mantenernos con vida a todos! Sin abejas polinizando la mayor parte de las plantas del planeta, nos quedaríamos sin comida y otros animales también pasarían hambre.

MÉRITO EXTRA: Las abejas melíferas tienen un movimiento llamado «danza de la abeja», ¡que utilizan para explicar a sus amigas dónde encontrar la mejor comida!

¿**Sabías** que uno de cada tres bocados de comida que tomamos ha sido **polinizado** por las abejas?

(No sé quién poliniza los otros dos bocados. Tal vez los pingüinos cabreados).

Las abejas vuelan de flor en flor reuniendo **néctar** que después usan para hacer miel para sus bebés. Al entrar y salir de las flores, sin embargo, también se les pega polen a la piel y las patas. El polen es lo que muchas plantas usan para hacer semillas. Y sin semillas no tendríamos comida.

Así que las abejas son los **verdaderos héroes** del planeta.

Algunas cosas que debes saber sobre las abejas:

Las abejas tienen **cinco ojos.**
Hay al menos **4000** tipos distintos de abejas.
Las abejas mueven las alas **200 veces por segundo.**
(Yo puedo mover los brazos 1,4 veces por segundo, pero después necesito descansar).
Las abejas solo viven unas **seis semanas.**

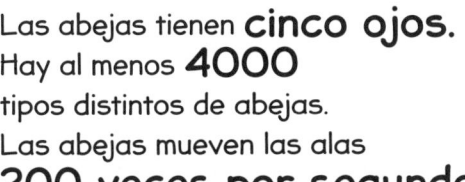

¡Feliz cumpleaños!

Gracias, pero solo vivo seis semanas.

Las abejas no solo **polinizan** las plantas que comemos, por supuesto. Polinizan todo tipo de plantas silvestres y también de árboles, lo cual ayuda a mantener vivos otros animales. Por eso, si quieres ayudar al planeta, planta flores que **les gusten** a las abejas.

Renaturalizar: página 174

Los veganos y la miel: página 214

Invéntate nuevos gases de efecto invernadero

Algunos gases de efecto invernadero tienen **nombres muy buenos.** Los más famosos son el dióxido y el metano, pero está también el óxido de nitrógeno, el hidrofluorocarburo, el hexafluoruro de azufre y el trifluoruro de nitrógeno.

Algunos suenan a que se los acaban de inventar. ¡Así que yo me he puesto a inventar **otros nuevos!**

James, ¿quieres tomarte un descanso?

No, gracias. Ahora mismo estoy haciendo un trabajo muy serio.

IDEAS
Brócoli demasiado hecho
Pedines de perro

PEDINES DE PERRO:

Increíblemente oloroso, rancio, con recuerdos a vivo y a muerto que se conjugan armoniosamente en la nariz. Los pedines de perro seguramente causan más **daños** de los que conocemos. Si un perro suelta un pedín en un espacio pequeño, la gente que hay dentro de ese espacio cae rápidamente **fulminada.** Los adultos intentan salir. Los niños se roban el aire unos a otros. Todo el mundo **llorará** y el perro se sentirá culpable. Imagínate esto ocurriendo **a escala global.**

BRÓCOLI DEMASIADO HECHO:

El brócoli fresco y crujiente huele a sueños del mañana. Pero si lo hierves media hora el brócoli se **transforma químicamente** en algo completamente distinto. Si observas por un microscopio el brócoli del cole, verás que tiene la misma composición atómica que el líquido espeso que rezuma de **las alcantarillas** para llegar a nuestros ríos y océanos.

VESTUARIOS DEPORTIVOS DEL INSTITUTO:

La mezcla de barro, sudor, desodorante y derrota produce uno de **los gases de efecto invernadero más poderosos del mundo.** Los peores perpetradores son los chicos de catorce años, que parecen emitir gases más venenosos que una central energética rusa. Lo primero que hay que hacer es sellar todos los vestuarios deportivos, a ser posible con los adolescentes todavía dentro.

(Tranqui. Yo les proporcionaría algún tipo de videojuego y suficientes hamburguesas para el microondas como para que vivieran felices el resto de su vida).

Gases de efecto invernadero: página 34

Perros que tragan gases de efecto invernadero: página 38

Máquinas del clima de Espiralidosa: página 156

Ecopreocupaciones

Si no tienes cuidado, es muy fácil que te dé **la depre** con toda esta cosa de salvar el planeta.

A mí me resulta duro cuando veo que la **gente sigue a la suya** como si no pasara nada. Eso me hace preguntarme si alguna vez encontraremos **mejores maneras** de vivir.

Pienso que a lo mejor creen que **les supera,** y por eso hacen como si no pasara nada y siguen como si tal cosa.

¿Cómo sigues siendo un ecoguerrero **feliz y centrado** mientras a tu alrededor todo el mundo sigue haciendo el bobo? Bueno, si vuelves al comienzo de este libro, en algún sitio verás la lista de cosas por las que se preocupa la gente. Verás que intentaba dividir las cosas en **«Cosas que puedo cambiar»** y **«Cosas que no puedo cambiar».**

El truco que he encontrado para mantenerme positivo y no aterrorizarme es concentrarme en hacer las cosas que puedo hacer, y hacerlas realmente bien.

Las páginas siguientes son algunas sugerencias sobre lo que puedes hacer **realmente.** Hoy.

POSITIVIDAD

¿Qué te preocupa a ti?: página 20

¿Qué podemos hacer nosotros?: página 152

Cosas que puedes realmente hacer

He aquí una lista de cosas que muchos niños pueden realmente hacer. Si no puedes hacer alguna de ellas, tranqui. Si no quieres hacer alguna de ellas, tranqui. Fíjate en lo que **puedes** y quieres hacer.

Tienes que decirte a ti mismo, quizá **una vez a la semana**: «Mañana será un Día de la Tierra», y entonces intenta algo de lo que está en esta lista:

UNO

Imagina cómo te gustaría que fuera tu planeta **en el futuro**. Normalmente, esto se les da mejor a los niños que a los adultos. Ese es uno de los muchos motivos por los que salvar el planeta podría ser cosa de niños como tú.

¡Tú puedes hacerlo!

¿Qué tal si me escribes una carta hablándome de la Tierra en el futuro?

DOS

Empieza con alguien una **conversación** sobre el clima. Pregúntale qué es lo que le preocupa y por qué. Escúchale. Cuéntale qué es lo que te preocupa a ti.

Ahora me siento mucho mejor, gracias.

TRES

Come menos carne. Empieza a elegir menús **veganos** o **vegetarianos.** Asegúrate de que sigues comiendo todo lo que necesitas para estar sano, pero tratando de **comer menos carne.**

CUATRO

Cambia algo en tu **transporte.** ¿Cómo vas al cole y a otros sitios? ¿Puedes cambiarlo un poco? Tal vez puedas ir al cole andando alguna vez. O, si es un camino muy largo, tal vez puedas caminar la mitad del trayecto.

CINCO

Pasa tiempo **en la naturaleza.** Sal al jardín. Pasea por algún bosque. Ve a la playa. Sube una colina corriendo. Baja una colina corriendo. Súbete a un árbol. Tú no eres algo distinto a la naturaleza, tú eres naturaleza. Disfrútala.

¡Yo soy naturaleza!

SEIS

Escribe **cómo te sientes** con todo esto de salvar el planeta. ¿Te emociona? ¿Te cabrea? ¿Te asusta? ¿Estás decidido? ¿Estás confuso? Anótalo todo y **léeselo** a alguien que se preocupe por ti. Tal vez hasta puedas salir a la calle con alguno de tus padres o tutores y leérselo al mundo en voz alta.

SIETE

Elige una afición que no suponga echar **dióxido de carbono al aire.** Algo que no requiera ir en coche. Yo corro. A ti a lo mejor te gusta el fútbol. O el voleibol. O trepar en un rocódromo. O hacer *puenting* submarino.

OCHO

Planta **un árbol.** Si tu familia no tiene sitio para hacerlo, pregunta si algún conocido querría que le plantaras un árbol. Hay grupos de personas que hacen esto todo el tiempo: ayúdales a plantar árboles.

NUEVE

Reduce tu consumo de electricidad. Haz un esfuerzo por **apagar las cosas** cuando no las estás usando. Apaga las luces de las habitaciones al salir. No tires tan a menudo de la cadena.

DIEZ

Reduce las sobras de tu comida. Intenta **comer todo lo que te ponen** en el plato. Intentad comer todo lo que hay en el frigo antes de comprar más comida. Si cultiváis vuestras propias verduras, intenta comer lo que está creciendo. Aunque no sea lo que más te gusta.

ONCE

Funda **un club de salvación del planeta.** Tal vez puedas hacer algo en el cole o con otros niños de tu calle. Pega pósteres. Llámalo ecoconsejo. Llámalo club verde. Llámalo como te salga de las narices. **Pero hazlo.**

DOCE

Empieza a **compostar.** Prepara tu granja de lombrices o un compostador normal. Empieza a convertir todas las peladuras de la fruta en preciosa tierra.

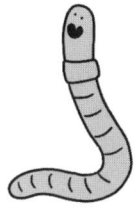

TRECE

Celebra lo que has hecho hasta ahora. Repasa esta lista y date la enhorabuena por todas las cosas que has conseguido. Y después piensa en lo que vas a hacer a continuación. Y ponte a hacerlo.

Si en este punto quieres contactar conmigo y mis amigos salvaplanetas, me encantaría saber lo que tienes en mente. **Te apoyaré** en todo lo que pueda.

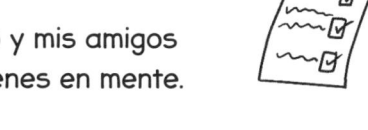

Cosas que no están en este libro pero deberían estar

¡Podría seguir escribiendo sobre salvar el planeta todos los días hasta el fin de los tiempos! **¡Me encanta hacerlo!** Pero si escribiera en un libro todo lo que sé, ese libro sería **tan gordo** que no podrías levantarlo en el aire. Tendrías que ir a la librería con una carretilla elevadora.

Aquí están algunas de las cosas de las que podría haber hablado en este libro pero no lo he hecho. Si atraen tu interés, prueba a averiguar más:

El Centro para la Tecnología Alternativa (CAT, por sus siglas en inglés) de Gales

Más sobre ecoaldeas

Bombas de calor

Hornos solares

Acuaponía

Tranvías

Consuelda

Bicicletas eléctricas

Curso de resolución de conflictos para pingüinos cabreados

Árboles que fijan el nitrógeno

Cómo se comunican los árboles entre ellos

Champiñones

Zombis

Mi motosierra eléctrica Greenworks 40V

Hay montones de cosas en este libro de las que podría haber escrito más. Así que, si algo te parece **interesante,** intenta averiguar más cosas. **Hazte un experto.** Y después, cuéntamelo.

Por cierto, no te olvides de pasarle este libro a otras personas. Compártelo con tus **amigos** y, cuando lo hayas acabado, por favor, dáselo a alguien que tal vez pueda hacer algo **por salvar el planeta.**

Cosas que no deberían estar en este libro

Hay muchas cosas en este libro que **no deberían** estar en él.

En la página no sé cuántos he mencionado a un pequeño **gnomo** llamado Graham que hacía **experimentos raros** en mi váter. No es verdad. Y aunque fuera verdad, no sería apropiado.

En la página patatín he escrito que podría engañar a mi hija para que comiera **cebra** porque eso es lo que comen los leones. Sin embargo, la cebra de este libro **no quiere ser comida de ninguna manera,** y ha afirmado explícitamente:

—Ni siquiera quiero estar en este libro.

Así que no debería estar en este libro. **¡Vamos a soltarla!**

Hoja de identificación de bolsas de caca.

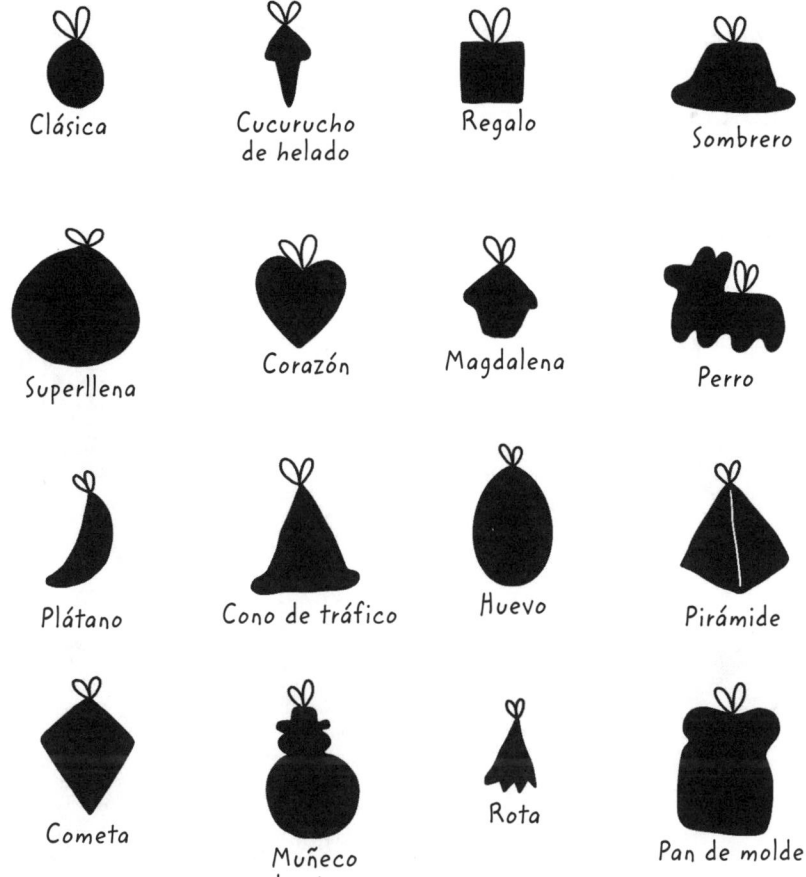

Clásica

Cucurucho de helado

Regalo

Sombrero

Superllena

Corazón

Magdalena

Perro

Plátano

Cono de tráfico

Huevo

Pirámide

Cometa

Muñeco de nieve

Rota

Pan de molde

En la página cataplán hay una ilustración de alguien observando una caca con unos prismáticos. Es **una idea espantosa.** No me puedo creer que los editores le dieran el visto bueno. Por favor, **manda una queja.**

En diversos puntos de este libro he mencionado **pingüinos cabreados** que acudían a vengarse de la gente que se reía de ellos en los zoos. Esto es **completamente absurdo** y no debería estar en un libro sobre algo tan serio como salvar el planeta. Lamento mucho haber metido a los pingüinos de por medio, pero es que... **¡parecían tan cabreados!**
Pensé que si no los metía en el libro, podrían darme una paliza o qué sé yo.

La penúltima página del libro

Enhorabuena por llegar hasta la penúltima página del libro.
Te has ganado una foto **de la Tierra desnuda.**

¡No, así no! ¡ASÍ!

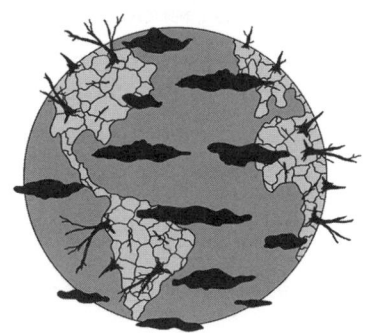

Exacto. Esta es la pinta que tendrá nuestro planeta si no lo cuidamos...

Sin naturaleza, no hay vida, ni suelo, ni personas.

La última página del libro

Esta es la última página del libro. **Enhorabuena** otra vez por llegar hasta aquí. ¿Por qué no vuelves al comienzo y ves si puedes encontrar alguna página que te hayas saltado? En la página 92 hay un dibujo de una osa polar llevando equipo de submarinista. No tiene nada que ver con el libro, pero a Rob le gusta dibujar osos polares con equipo de submarinista.

Seguramente, este no ha sido un libro fácil de leer. He intentado ponerle todos los chistes posibles, pero realmente **el tema es muy serio.** Puede que, entre chiste y chiste, te haya puesto furioso, te haya preocupado y te haya dado tembleque.

En la primera página de este libro hay una advertencia de «No uses este libro para hacer deberes a menos que tengas tanto valor como un escarabajo y tu alma cante con las ensoñaciones del mañana». Bueno, ahora necesitas encontrar **ese valor:** escucha esas canciones y cántalas lo más alto que puedas hasta que todo el mundo las oiga también.

Tu **recompensa** por leer este libro es ver un dibujo del planeta como podría ser: rico, verde, hermoso y lleno de vida.

«Los niños son el recurso más valioso
y la mejor esperanza para el futuro»,

John F. Kennedy